CÓMO LEER LAS HOJAS DE TÉ

Jacqueline Towers

CÓMO LEER LAS HOJAS DE TÉ

KEPLER

Argentina – Chile – Colombia – España
Estados Unidos – México – Perú – Uruguay

Titulo original: *Tea Leaf Reading – Discover Your Fortune in the Bottom of a Cup*
Editor original: Hampton Roads Publishing Company, Inc., Virginia
Traduccion: Scheherezade Surià

1.ª edición Marzo 2020

Plaza de los Reyes Magos, 8, piso 1.º C y D – 28007 Madrid
www.edicioneskepler.com

ISBN: 978-84-16344-44-4
E-ISBN: 978-84-17780-77-7
Depósito legal: B-27.706-2019

Fotocomposición: Ediciones Urano, S.A.U.

Impreso por: Rodesa, S.A. – Polígono Industrial San Miguel
Parcelas E7-E8 – 31132 Villatuerta (Navarra)

Impreso en España – *Printed in Spain*

En recuerdo de mi bisabuela Dorothy Young

ÍNDICE

INTRODUCCIÓN

Muchos recordareis haber oído hablar de una bisabuela o tía abuela que leía los posos de té. Algunos incluso seréis lo bastante mayores para recordar alguna lectura de las hojas de té en algún momento de vuestra vida. De hecho, puede que hasta os las hayan leído a vosotros.

Aunque la lectura de las hojas de té se ha convertido en una actividad poco común, la de los posos de café sigue siendo popular hoy en día. No es raro que, en cierto momento, la primera fuera habitual en Europa septentrional mientras que la segunda fuera una práctica española, portuguesa, turca, griega y de Oriente Próximo. Hay personas que siguen leyendo los posos de café en esos países y en aquellos en los que viven sus descendientes. Así pues, podemos encontrar lectores de los posos de café en Oriente Próximo, Estados Unidos y América Central y del Sur. La lectura de las hojas de té se originó probablemente en China, pero ocurrió hace tanto tiempo que nadie está seguro de sus orígenes. La lectura de los posos de café parece haberse originado en Turquía.

¿Por qué deberíamos leer hojas y posos en lugar de otras cosas? ¿Por qué no deberíamos leer monedas, cacahuetes o nubes? Lo cierto es que las personas intuitivas pueden «leer» cualquier cosa. Por ejemplo, en el pasado era habitual que la gente «leyera» las llamas del fuego mientras el carbón o la madera se quemaba en la chimenea de las casas. Los africanos siguen leyendo mensajes en las formas de las nubes, en las piedras, en las cáscaras, en los huesos y en las semillas. En Europa, había lectores especializados que pedían a sus «clientes» que les trajeran hojas secas y luego las estrujaran entre las manos y las dejaran caer al suelo para que pudieran leer sus formas. Mi amigo David Bingham suele divertir a sus conocidos con este truco: le pide al consultante que apriete una bolsa de patatas fritas con las manos, la abra y esparza su contenido en un plato. Luego, David lee las migas.

Así nos damos cuenta de que un buen psíquico sabe «leer» cualquier cosa. Cuando se trata de leer formas, los mejores lectores son los que tienen un ojo artístico, aquellos que alcanzan a ver cómo se crean siluetas parecidas a barcas, árboles, conejos y similares. Cuando el lector posee en la cabeza un diccionario mental con varias formas, puede hacer una lectura. Si unas nubes flotando, unos trocitos de hojas secas, unas llamas que danzan en la chimenea o las migas de patatas fritas pueden parecerse a algo, ¡mucho más fácil es leer las formas creadas por los posos de té!

Una de las mayores diferencias entre la lectura de las hojas de té y los posos de café y las demás formas antiguas de adivinación es que el consultante debe sujetar la taza entre las manos y beber de ella. Eso significa que debe mantener la taza y su contenido en lo más profundo del aura durante diez o quince minutos. De hecho, si lo pensamos bien, una pequeña parte de la taza habrá traspasado las barreras del cuerpo del consultante, lo que quiere decir que esta persona transferirá sus vibraciones a la taza y a su contenido de un modo muy personal. Esto crea un contacto más íntimo que simplemente mezclar una baraja de cartas, aunque es bien sabido que hoy en día hay muchas personas que tiran las cartas con gran éxito por todo el mundo.

¿Cualquiera puede aprender a leer las hojas? Sí. Como es obvio, aquellos que tengan un ojo más artístico adquirirán esta habilidad más rápidamente que los que no lo tengan. Una vez dicho esto, por muy receptivo que seas, hace falta práctica para adquirir esta habilidad. Un consejo que te doy es que no lo fuerces demasiado, desenfoca un poco los ojos durante un rato mientras miras el interior de la taza. Tras este paso, vuelve a centrar la mirada y verás cómo las hojas casi se juntan en la taza (o en tu mente) creando formas y símbolos.

¿HACE FALTA QUE SEAS PSÍQUICO?

Cuando lees las hojas de té, ¿necesitas recurrir a tus habilidades psíquicas? En realidad no, pero, cuanto más leas para los demás, mayor intuición y videncia desarrollarás. Y, cuanto más las desarrolles, mejor se te dará leer las hojas. Puede que al principio no tengas sensaciones psíquicas o intuitivas, pero ahí es donde adquiere importancia el diccionario de hojas de té de este libro. Solo tendrás que distinguir las figuras y buscarlas en el diccionario y podrás hacerle una lectura a alguien. Pero, si continúas avanzando y lees cada vez para más personas, te verás inmerso en un círculo vicioso positivo. En general, el círculo vicioso es una pesadilla en la que todo lo que intentas hacer se ve frustrado y es siempre lo mismo; pero este círculo es positivo y significa que, cuantas más lecturas hagas, más podrás hacer. Tu habilidad crecerá en muchos sentidos. En primer lugar, descubrirás que las formas se crean a más velocidad gracias a tu intuición y, en segundo lugar, empezarás a componer un repertorio de significados de imágenes en tu propia mente. Los más obvios, como aquellos que están conectados con relaciones (anillos) o que tienen que ver con el dinero (puntos) o con viajar (líneas ferroviarias o vehículos), serán los primeros que se te quedarán grabados. Según avances, tus habilidades psíquicas crecerán y, siempre y cuando permitas que se manifiesten, así lo harán.

¿QUÉ SON LAS HABILIDADES PSÍQUICAS?

Las habilidades psíquicas son el uso avanzado de la intuición. Ser psíquico es tan natural como respirar. Todos lo somos en cierta medida: lo único que se necesita es voluntad para darse cuenta de eso y trabajar en aquello de lo que uno comienza a percatarse. Así pues, vamos a mirar el lado psíquico de las cosas, en el contexto específico de la lectura de las hojas de té. Las razones más comunes por las que las personas desarrollan dones psíquicos son para canalizar mensajes del «otro lado», para tener habilidades curativas, para leer cartas del tarot o, quizás, como ayuda para cualquier otra forma de adivinación. Sin embargo, lo principal que necesitas desarrollar es tu habilidad para visualizar las formas, y dicha habilidad pronto comenzará a traducirse en clarividencia.

¿YA ERES PSÍQUICO?

Hay cuatro grupos de habilidades psíquicas y puede que pertenezcas a uno o a varios, porque es muy raro que una persona no forme parte de ninguno de ellos. Los cuatro tipos de sentidos psíquicos son la sensación psíquica, la intuición psíquica, la escucha psíquica y la visión psíquica. El sentido psíquico más famoso es la videncia o visión psíquica. Los videntes son psíquicos que ven imágenes o dibujos. Vidente significa literalmente «que ve», por lo que el psíquico vidente debe aprender a interpretar los dibujos o las imágenes que observa.

¿CÓMO DESARROLLAS TUS HABILIDADES?

Una actitud sin prejuicios es esencial para ser capaz de recibir (y distinguir) cualquier cosa. Tiene que haber una voluntad de respuesta a los estímulos no físicos y una habilidad para confiar en la información recibida. ¿Por qué no te abres al optimismo, te permites ser psíquico y confías en ti lo suficiente para usar esa habilidad natural que llevas dentro?

La mayoría de los que dicen ser psíquicos, sean novatos o profesionales, han reconocido las señales en algún momento de su vida y han centrado la atención en su funcionamiento. Esas personas se han familiarizado con la presencia del tipo de energía sutil que se necesita y tal vez con lo que llamamos un «sexto sentido». Debe haber tanto deseo como voluntad para desarrollar y conectar con lo que las personas ven o reciben. Si quieres desarrollar tu talento psíquico, tendrás que practicarlo. Por suerte, esto es algo interesantísimo y, a veces, muy divertido.

Para un desempeño óptimo, tienes que relajarte. Así pues, debes aprender a meditar, porque progresarás mucho más rápido si practicas la meditación. Esta es muy importante. No solo te ayuda a despejar la mente y estar centrado en lo que intentas conseguir, sino que ayudará a tu cuerpo a relajarse. Si no has meditado nunca, siéntate en una silla cómoda y relajarte. Deja que tus pensamientos fluyan y no pienses en nada en particular. Lo importante es que te tomes tu tiempo al dejar la mente en blanco.

¿DURANTE CUÁNTO TIEMPO DEBERÍAS MEDITAR?

Si no has practicado nunca la meditación y quieres hacerlo de manera regular, lo mejor es empezar a meditar una vez al día durante diez o quince minutos. Al cabo de un tiempo, puede que quieras aumentarlo a veinte minutos al día o a dos veces al día durante diez minutos. La meditación permite acceder a las energías internas más potentes, y esto se manifestará con la práctica.

ELEGIR UNA TÉCNICA DE ADIVINACIÓN

La adivinación es un término extenso que incluye la predicción, la precognición, la profecía, la lectura del tarot y otros métodos utilizados en un intento de predecir el futuro. Aprender una técnica de adivinación es un primer paso en el desarrollo de una habilidad psíquica. La taseomancia, la taseografía o la lectura de las hojas de té son un camino perfecto para conseguirlo.

Los psíquicos hablan de «sintonizar» con sus clientes, pero los objetos visuales ayudan a los videntes a focalizar sus pensamientos y a tener algo en lo que concentrarse mientras crean el vínculo. Ahí es cuando la taseografía adquiere importancia. Este método es una técnica de adivinación que permite examinar las hojas de té e interpretar formas y patrones. Cuando empiezas a mirar en la taza, las formas y los patrones que ves pueden parecer fruto del azar, pero, si te relajas y te sumes en un estado meditativo, las formas empiezan a manifestarse. Las guías y las interpretaciones que contiene este libro te ayudarán a entender los significados escondidos tras las formas y a darle importancia a lo que ves.

Mientras estás aprendiendo, intenta encontrar a alguien que sea paciente y comprensivo como «conejillo de Indias». Tómate tu tiempo, porque no tiene sentido intentar forzar la información para que aparezca. A la larga, y a medida que empieces a desarrollar los poderes intuitivos y psíquicos, puede que vayas más allá de una simple lectura e interpretación de las formas en una taza. Aunque te conviertas en un auténtico vidente, verás que es muy útil empezar la lectura dándole al «cliente» una taza de té y luego mirando las formas, ya que incluso los mejores videntes necesitan, en ocasiones, un empujoncito antes de que las historias del cliente empiecen a fluir.

La función del psíquico va más allá de trasmitir mensajes o hacer predicciones. Los psíquicos necesitan compasión y buenas habilidades comunicativas para interpretar la información que ven o reciben. No olvides que tienes en tus manos las emociones de las personas. Hay mucha gente en el mundo que se dedica a hacer predicciones y que tiene habilidades psíquicas, y tú estás empezando a despertar esas habilidades. Este pensamiento te servirá de mucho, así que sé modesto y ten respeto por aquellos para quienes lees, y mejorarás.

Volvamos al propósito principal de este libro y hagámonos las siguientes preguntas:

- ¿Puede la lectura de las hojas de té y los posos de café ayudar a una persona a volverse psíquica?
- ¿De qué le sirve esta habilidad a alguien que ya es psíquico?

Ofrecer lecturas de hojas de té y de los posos de café a los demás te ayudará definitivamente a desarrollar y expandir tus habilidades psíquicas. Por ejemplo, Gordon Arthur Smith, ya fallecido, fue uno de los miembros fundadores de la prestigiosa Sociedad Psíquica y Astrológica Británica y su talento comenzó a desarrollarse cuando su abuela le enseñó a leer hojas de té. Aquellos que ya son psíquicos a veces encuentran cierto bloqueo en sus lecturas con la videncia pura o la clariaudiencia, por lo que prefieren utilizar un recurso que les ayude a relajarse, sintonizar y trasmitir el mensaje al cliente. Es útil compartir una bebida antes de la sesión y, luego, tomar la taza del cliente y dejar que su contenido trabaje con la imaginación del psíquico para acelerar el proceso.

¡Ah! Y disfruta mientras lees las hojas de té.

1

SOBRE LA LECTURA DE LAS HOJAS DE TÉ

El té se hace con una variedad concreta de la planta de la camelia, la *Camellia sinensis*. Los habitantes de China, lugar de origen del té, querían mantener el secreto de esta planta dentro sus fronteras, pero un aventurero portugués sacó del país varias de estas pequeñas plantas y así fue como empezó la siembra y el uso del té en muchas partes del mundo. La mayoría se cultiva en China y en varias áreas del subcontinente indio, incluyendo Sri Lanka, pero también crece en zonas tan inesperadas como Queensland, en Australia, o Cornualles, en Inglaterra. Por supuesto, todos conocemos la historia del Motín del Té de Boston, que hizo que los Estados Unidos pasaran de ser un posible país consumidor de té al paraíso de los amantes del café. El café se originó a partir de unos granos que se descubrieron en Etiopía. El cultivo del café y su uso se extendió por Persia, Turquía y el mundo árabe hasta terminar expandiéndose por Europa y las Américas.

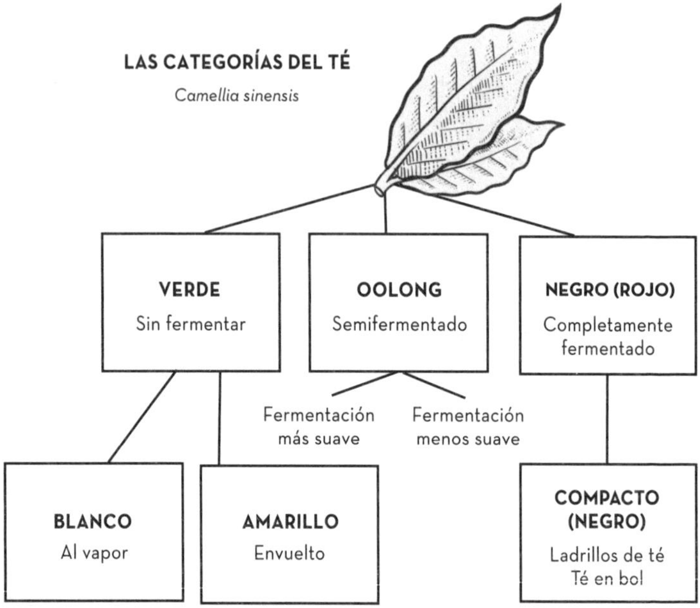

La taseomancia es un método muy antiguo de adivinación que está ganando popularidad de nuevo. Más comúnmente conocido como la lectura de las hojas de té, la taseomancia es una manera de predecir el futuro sirviéndose de la forma que dichas hojas o los posos del café dejan en una taza. La lectura de las hojas de té es mucho más antigua y requiere más imaginación que el tarot porque no hay ilustraciones convencionales a las que recurrir como lector. Los orígenes de este método provienen de la Edad Media, cuando los lectores o adivinos utilizaban una técnica de adivinación basada en la cera llamada «ceromancia». La cera fina se derretía en un recipiente de latón y luego se vertía con lentitud en un bol de agua fría para que al instante se crearan las formas que el lector tenía que interpretar para el cliente. Una práctica similar de adivinación es la «molibdomancia», en la que se vertía plomo o estaño fundido sobre agua fría.

La palabra «taseomancia», que significa «lectura de las hojas de té», proviene del término árabe *tas*, que quiere decir «taza» (proveniente del francés *tasse*, que también es «taza») y del sufijo griego *-mancia*, «profecía».

Como el propio té, la taseomancia proviene de la antigua China, pero se asocia a los gitanos, quienes después empezaron a extender esta práctica por todo el mundo. Mientras se perseguía a las brujas en el siglo XVII y a comienzos del XVIII, la taseomancia se practicaba ampliamente porque no requería el uso de herramientas ni objetos poco comunes que hubieran marcado al practicante como brujo. Todos tenían té y una tetera en sus casas, por lo que a nadie se le podía acusar de brujería solo por poseer dichos objetos. En Inglaterra, después de 1735, la brujería ya no se consideró un delito capital, por lo que las personas poco a poco comenzaron a interesarse de nuevo por diversas técnicas de adivinación. El siglo XIX y el comienzo del XX fueron especialmente fértiles para todo método de adivinación del porvenir. Esta tendencia arrancó en Francia como resultado del interés de Napoleón por el ocultismo. Más tarde, durante el siglo XX, la lectura de las hojas de té dejó de estar de moda, probablemente al aumentar la popularidad de la cartomancia. Hoy en día, las lecturas de hojas de té y los posos de café vuelven a ser populares por todo el mundo.

Este libro describe la interpretación de las hojas de té, pero, en muchas partes del mundo, las personas prefieren leer los posos de café. La técnica mostrada en este libro puede aplicarse al té, al café, a las infusiones, a los consomés o a cualquier otro líquido que deje algún residuo tras haberse bebido. ¡Descubramos cómo leer las hojas de té y restos similares!

2
CÓMO HACER TÉ

Para hacerle una lectura de las hojas de té a alguien, primero debes preparar una jarra de té al estilo antiguo, lo que significa utilizar té suelto y una tetera. Necesitas que dicha tetera no lleve un filtro interno y no debes usar un colador cuando viertas el té. La tetera puede ser sencilla o sofisticada y no hace falta que esté hecha de ningún material especial: con una asequible de cristal, metal o porcelana es suficiente.

EL TÉ

Puedes usar cualquier tipo de té, pero quizás la lectura sea más fácil si utilizas té de hojas grande, por ejemplo, el Darjeeling, el té Assam o cualquier tipo de té chino. Prepara el té como más te guste: al estilo inglés, con leche y azúcar o más dulce; al estilo ruso, con limón y azúcar; al estilo chino, con flores de jazmín, o té solo, fuerte o suave. El afrutado o cualquier otro que contenga hojas o pedacitos de la planta del té valdrá.

Comienza calentando la tetera, lo que hará que el té se elabore adecuadamente. Vierte un poco de agua hirviendo en ella y luego vacía esa agua caliente en el fregadero. A continuación, echa una cucharada de té por cada taza en la tetera caliente. Llénala con agua recién hervida y remueve el té durante unos segundos con una cuchara larga para «elevarlo». Deja en remojo el té de dos a cinco minutos. Tendrá un sabor más fuerte cuanto más tiempo esté en infusión, por lo que, si a ti o al consultante no os gusta el té «pasado», no lo dejes reposar demasiado tiempo en la tetera. Mueve el té de nuevo justo después de servirlo. Si quieres mantener la tetera y su contenido calientes para disfrutar de una taza de té más tarde, puedes comprar un cubreteteras. Si el té adquiere un sabor muy fuerte o sabe amargo, puedes añadirle un poco de agua hirviendo para rebajarlo.

LA TAZA Y EL PLATO

Un tazón no sirve para leer las hojas de té: necesitas una tacita de estilo antiguo y un platillo. La taza no debe tener relieves ni decoración interior. De hecho, cuanto más sencilla, mejor, y una tacita blanca con el exterior y el interior del mismo color, que no sea demasiado estrecha, es perfecta.

La taza y el plato pueden ser de porcelana normal o de cerámica fina, pero es mejor no utilizar una antigüedad valiosa para que no se dañe.

PREPARARSE PARA LA LECTURA

Haz el té que se adapte a los gustos concretos del consultante y, luego, dáselo a beber. Si el consultante toma azúcar o necesita remover la bebida por cualquier otra razón, dale una cuchara y permítele que lo haga como quiera. Después, deja que se beba el té, pero, mientras lo hace, evita hablar sobre cualquier tema personal o cualquier cosa que pueda aparecer durante la lectura.

Cuando haya terminado de beber, coge la taza y el platillo y sujeta la tacita con ambas manos. Mueve los posos tres veces en dirección contraria a las agujas del reloj, gira la taza para que el asa quede hacia ti y prepárate para la lectura. Algunos practicantes sugieren que se le dé la vuelta a la taza sobre el plato y que, después, se gire tres veces en dirección contraria a las agujas del reloj, mientras sigue sobre el plato, antes de enderezarla de nuevo. Puedes probar este método tanto con té como con café, aunque se puede perder demasiado material. Sea cual sea la técnica que elijas, cuando tengas la taza entre las manos, gírala para que el asa apunte hacia ti y prepárate para leer.

¡TODO PUEDE SALIR MAL!

Un compañero mío, David Bingham, me contó su experiencia al trabajar como psíquico haciendo lecturas en una tienda. Entró una mujer y le pidió explícitamente que le hiciera una lectura de las hojas de té. Por desgracia, el dueño de la tienda no tenía ni tazas de té adecuadas, ni tetera, ni té suelto. El tendero salió y compró una tetera cara, una taza con el color y la forma correctos, un plato y un poco de té suelto y caro. Preparó el té y la señora se lo bebió, pero, cuando David fue a hacer la lectura de las hojas, ¡descubrió que en la taza no había nada que leer!

Acabó utilizando sus habilidades psíquicas, junto con un gran ingenio, para procurar que la señora no viera la taza sin las hojitas dentro. Tras la lectura, David le preguntó al tendero por qué no había hojas en la taza. El hombre se quedó totalmente perplejo hasta que ambos examinaron la tetera. Puedes imaginarte el enfado del tendero cuando se dio cuenta de que, después de ir a por una expresamente y gastarse un dineral en los materiales, la tetera llevaba incorporado un filtro que había hecho que todo el proceso fuese en vano.

HACER CAFÉ

Muchos lectores de los posos de café utilizan un tipo de grano griego o turco porque estos dejan gran cantidad de sedimentos en la taza. Tendrás que pedirle al consultante que deje algo de café en la taza después de beber; luego, debes poner la taza boca abajo sobre el plato y girarla tres veces con suavidad hacia la izquierda. Después, el consultante deberá darle la vuelta a la taza y pasártela para la interpretación. Una alternativa es preparar café con granos más gruesos en una cafetera francesa o de émbolo y llenar una taza sin usar el colador. Sea cual sea el método que elijas, la práctica y un toque de intuición e imaginación harán que la lectura funcione. La técnica es la misma que para la lectura de las hojas de té. El aspecto de los residuos en la taza dependerá del tipo de café que hayas usado y el modo en que se haya elaborado. Si utilizas café griego o turco molido muy fino, tendrás que adaptar tus ideas y métodos para que se adecúen al material que encuentres en la taza.

3

PREPARACIÓN Y TÉCNICA

La mayor parte de las técnicas para adivinar el futuro combinan un método específico como la lectura de cartas o de runas con cierto impresionismo espontáneo intuitivo o psíquico, pero no es necesario haber nacido con ningún don especial para leer hojas de té o los posos de café. El consultante dejará sus propias huellas y su aura en la taza simplemente al sostenerla y beber de ella y, tarde o temprano, notarás cómo desarrollas un cierto grado de intuición o percepción extrasensorial. Hasta entonces, observarás que utilizar este libro para interpretar los símbolos que ves en la taza te será de gran utilidad. La lectura de las hojas de té o de los posos de café es parecida a la interpretación de sueños porque se necesita un poco de imaginación y un tino artístico para hacerlo de manera exitosa, pero aquellos que lo intentan suelen cogerle el truco bastante rápido.

POSICIÓN

El lado y la parte de la taza más cercanos al asa representan el espacio más personal. Dicha área simboliza al consultante, a su casa y a su familia y a todo aquello que está cerca de su corazón o que esté relacionado íntimamente con su persona. Así pues, en esta parte de la taza podemos ver los aspectos relacionados con la salud del consultante, sus sentimientos personales, sus seres queridos y su entorno inmediato.

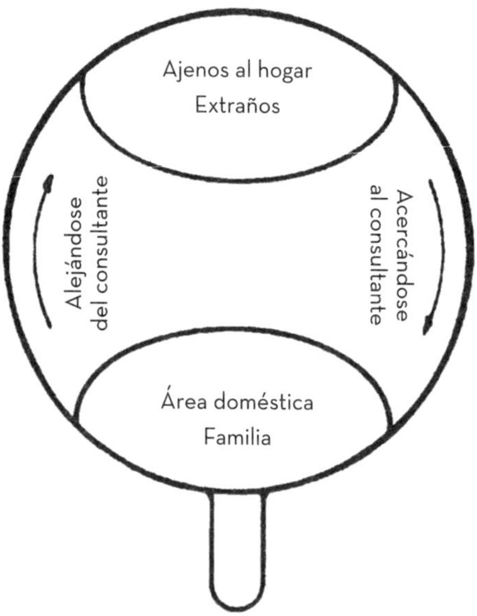

Significado de la posición de las hojas

El lado opuesto al asa de la taza hace referencia a extraños y a acontecimientos que ocurren fuera de su hogar y de su familia. Como es obvio, alguien cuya vida transcurre dentro del hogar estará más interesado en los acontecimientos expuestos en la parte en la que está el asa de la taza. Alguien que no tenga un interés real en el hogar o la familia querrá saber más acerca de los símbolos que aparecen en el lado opuesto. Hoy en día, a la mayoría nos importan todos los aspectos, ya que llevamos una vida ajetreada y variada y muchos tenemos que salir de casa y viajar de vez en cuando.

TIEMPO

Hay dos líneas de pensamiento en cuanto a la determinación del tiempo de los acontecimientos que leemos en la taza de té. La primera idea es que el futuro próximo se muestra a través de los símbolos más cercanos al borde de la taza, mientras que el lejano aparece en los símbolos de la base. Todo aquello que está cerca tanto del borde como del asa hace referencia a algo que va a ocurrir casi de inmediato.

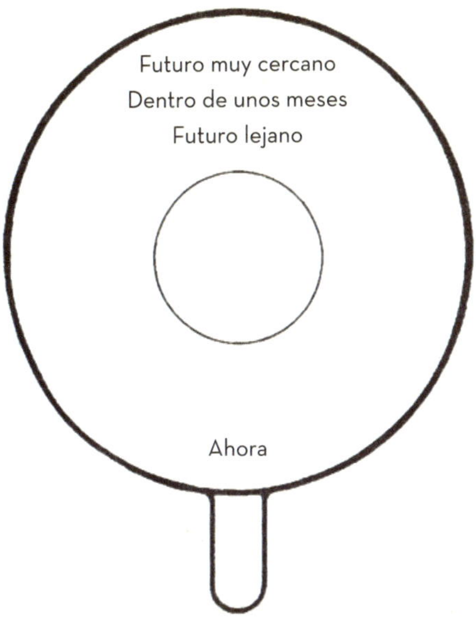

Primera metodología del tiempo

El segundo método divide la taza en dos mitades: la izquierda representa el pasado y la derecha, el futuro. El pasado reciente se muestra a través de símbolos cercanos al asa, en la parte izquierda, mientras que el más distante aparece representado por las hojas más alejadas al asa en ese mismo lado. El futuro próximo se manifiesta a través de figuras cercanas al asa en la parte derecha de la taza, y el más distante, a través de símbolos en la zona más alejada del asa en esa mitad.

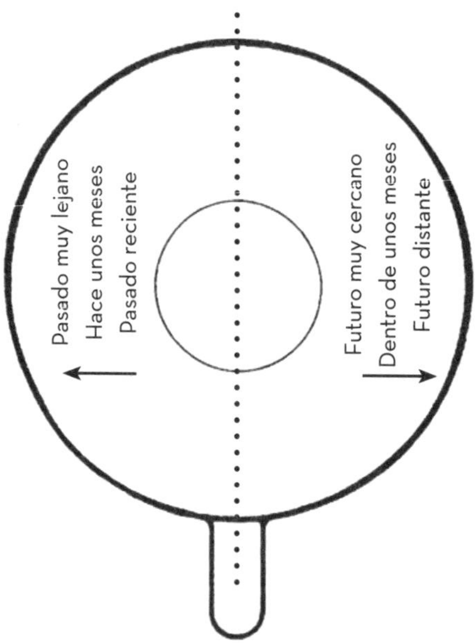

Segunda metodología del tiempo

Sea cual sea el método que elijas, debes leer cada símbolo varias veces. Tendrás que buscar la forma en el listado de este libro para descubrir su significado y, luego, tener en cuenta su posición y tiempo. Otro factor que debe considerarse es el «grado de felicidad», porque las figuras cerca del borde representan acontecimientos agradables, mientras que las que están cerca de la base muestran acontecimientos tristes. Incluso símbolos terribles como una pistola o un puñal serán menos nocivos si están cerca del borde de la taza que si se encuentran en un lugar más profundo. Cualquier resto de líquido en la taza manifiesta lágrimas de tristeza.

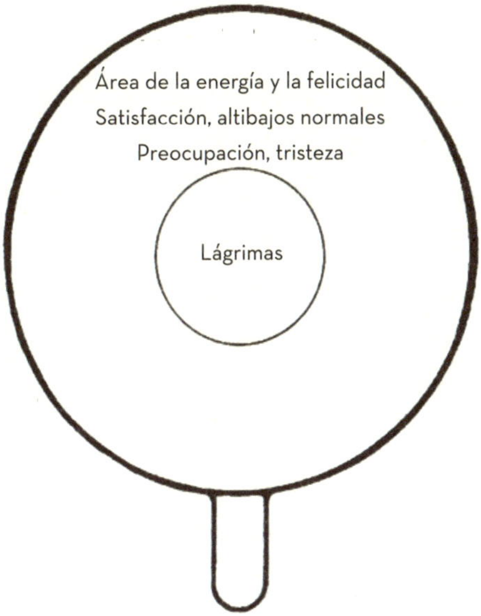

Sentimientos relacionados con los acontecimientos

CONSEJOS PARA LA LECTURA

Aquí te dejo algunas ideas que he recogido de varios lectores expertos en hojas de té y los posos de café:

- Examina primero los símbolos que sean más fáciles de discernir. Busca iniciales, números, puntos y líneas.

- Los símbolos que señalan hacia el asa denotan algo que se está acercando al consultante; por ejemplo, una carta, una visita, etc.

- Los símbolos que señalan en la dirección opuesta del asa sugieren que algo o alguien se va a alejar del consultante o de su entorno familiar o doméstico.

- Los símbolos que aparecen borrosos aluden a acontecimientos cuyo significado se esclarecerá con el paso del tiempo.

- Los símbolos grandes se refieren a acontecimientos relevantes, mientras que los más pequeños aluden a otros poco importantes.

- Los símbolos nunca deberían interpretarse por separado porque la visión de conjunto relaciona cada uno de ellos con el resto. Hay que fijarse en el tamaño, la claridad y la posición de cada símbolo.

- Es importante tener en cuenta el tipo de persona para quien estamos haciendo la lectura. Una persona mayor con las ideas claras tendrá una perspectiva de la vida distinta a la de una persona más joven que aún debe formarse opiniones y juicios concretos.

Puede que al principio te cueste ver algo en la taza, pero no te preocupes. Las imágenes no son tan claras como en una fotografía, y las primeras veces quizás te sea complicado captar mucho. ¡Que no cunda el pánico! Deja que tu mente e imaginación se pongan manos a la obra. Examina la taza una o dos veces, gírala y, luego, inclínala hacia ti o lejos de ti, observando las hojas de té mientras lo haces. Muy pronto serás capaz de descifrar una imagen, luego, otra y, cuando quieras darte cuenta, los símbolos empezarán a ser evidentes.

¿DEBERÍAS LEER PARA TI MISMO?

No hay nada que impida hacerte una lectura de las hojas de té a ti mismo, aunque no es tarea fácil. Sabes demasiado sobre tus circunstancias y, por eso, tenderás a incluir tu toque personal en la lectura. Lo mismo ocurre cuando le haces una lectura a un amigo o a un ser querido. Sin embargo, a todos nos interesan nuestros amigos, nuestros seres queridos y nosotros mismos, y no perdemos nada por intentarlo.

EL MÉTODO DEL PAPEL SECANTE

Puede que nunca hayas oído hablar del método del papel secante, pero es otra manera de leer hojas de té.

Para ponerlo en práctica, dibuja un modelo del interior de la taza de té en un folio de papel secante blanco o en una hoja de papel de cocina. En otras palabras, traza un círculo grande con un asa y otro menor en su interior.

En el centro del círculo interno, haz un agujerito.

Prepara una taza de té y sigue las instrucciones de antes. Cuando el consultante se haya acabado el té, vuelca los restos del líquido que hay en la taza sobre el diagrama, procurando que el asa esté alineada con la del dibujo.

La mayoría del líquido se colará por el agujero y dejará solo las hojas de té en la superficie. Interpreta los símbolos y las formas de la misma manera que si estuvieran en la taza. No hagas caso a las hojas que se hayan salido de círculo ni al montoncito de hojas que se acumulen alrededor del agujero.

4

SÍMBOLOS E IMÁGENES COMUNES

Algunos símbolos son recurrentes en la lectura de las hojas de té y, aunque algunos son propios de esta disciplina, otros proceden de otras técnicas de adivinación. También hay ciertas supersticiones, muy conocidas, sobre el té y el café.

SUPERSTICIONES

- Cuando, por casualidad, se colocan dos cucharitas en un platillo, se avecinan noticias de embarazo.
- Que quede demasiado líquido en la taza suele simbolizar llanto y tristeza.
- Si una hoja de té queda flotando en la taza significa que el consultante recibirá dinero.

- Una hoja pegada a un lateral de la taza quiere decir que llegará un desconocido a la vida del consultante. Comprueba si se trata del hijo o la hija de los vecinos o si vive cerca de tu casa (la hoja estará pegada cerca del asa) o si, por el contrario, viene de más lejos (la hoja estará pegada en el lado contrario).

- Los tallos siempre representan personas. Un tallo largo y firme representa a un hombre, mientras que uno corto y fino, a una mujer. Si el tallo es recto, el desconocido será sincero, pero si el tallo está doblado, el desconocido no será de fiar. Tradicionalmente, el color del tallo indica el color de la tez y del pelo de la persona; por ejemplo, un tallo de color claro representa a una persona caucásica, un tallo de color oscuro representa a una persona de pelo oscuro, etc. Si el tallo está en diagonal, puede que las intenciones del desconocido no sean honestas o sinceras.

- Que haya hojitas amontonadas a un lado de la taza significa siempre problemas. Si el montoncito está cerca del asa, el problema será culpa del propio consultante; si por el contrario el montón está a un lado y cerca del asa, el problema vendrá de alguien conocido, como un familiar, un amigo, un compañero de trabajo, etc., y si el montoncito está en el lado contrario al del asa, el problema vendrá de una fuente externa.

- Si alguien sirve té y después otra persona también se lo sirve con el mismo recipiente, se avecinan noticias de embarazo el próximo año.

- Tuve una amiga cuya suegra decía que, si dos personas se servían té del mismo recipiente, al año siguiente nacerían dos gemelos pelirrojos. El suegro de mi amiga era pelirrojo y había varios gemelos pelirrojos en su familia, así que siempre llevaba mucho cuidado con lo de quién servía qué de su tetera. ¡Decía que no tenía ningún problema con los pelirrojos, pero que no hubiera podido con gemelos porque ya tenía dos niños!

FIGURAS GEOMÉTRICAS

Por raro que parezca, hay ciertas formas que tienen significados similares en todos los sistemas psíquicos, incluso en los que son «científicos», como la astrología y la quiromancia.

- Los círculos representan la energía o el poder para influir en los acontecimientos.

- También simbolizan el fin de proyectos y del éxito o de aquello que completa el círculo.

- Los círculos también pueden representar alianzas de boda, pero hoy en día son tan pocos los que se casan que solemos referirnos a ellos como «los anillos de los enamorados».

- Un círculo que esté cerca del asa, pero en el fondo de la taza, indica una relación rota. Un círculo que se estrecha o se rompe en cualquier parte de la circunferencia indica una ruptura sentimental definitiva.

- Dos círculos predicen dos relaciones importantes.

- Un arco representa el comienzo de una relación duradera. Tradicionalmente significa un matrimonio feliz.

- Las crucen indican opciones o cambios drásticos. Esos cambios pueden ser a mejor a largo plazo, pero difíciles de manejar al principio.

- Una cruz en la mitad de la taza y bien lejos del asa representa un cambio importante.

- Por lo general, los triángulos predicen acontecimientos felices siempre y cuando el vértice no apunte hacia abajo. Los triángulos también simbolizan el éxito derivado del buen uso del talento del consultante.

- Un triángulo equilátero significa que el consultante recibirá dinero. Este símbolo también representa una herencia, una reunión relacionada con el dinero o un negocio que beneficie al consultante. Si la base del triángulo apunta hacia arriba y el vértice apunta hacia abajo, la suerte del consultante está a punto de acabarse.

- Los cuadrados pueden representar protección, pero también indican restricción, así que ten cuidado a la hora de interpretar los símbolos. Por ejemplo, si hay una imagen negativa en la taza pero hay un cuadrado alrededor o cerca, el consultante estará protegido de sus peores efectos. De la misma manera, si el consultante está buscando el amor, un trabajo nuevo, la oportunidad de viajar o cualquier otra cosa que implique romper viejos hábitos, que haya un cuadrado solo o que este rodee o esté cerca de otra imagen sugiere que pasará un tiempo antes de que llegue el cambio que desea.

SÍMBOLOS DE OTROS SISTEMAS DE ADIVINACIÓN

Los capítulos 5 y 6 ofrecen un análisis profundo sobre la astrología y el tarot, y también sobre las interpretaciones de patrones que evocan imágenes de esos sistemas de adivinación. Hay muchos otros sistemas de adivinación, como las runas, el I Ching y las cartas. Cualquier buen libro sobre dichas metodologías te dará una idea de cómo interpretar las hojas que evocan el simbolismo de esos sistemas. A continuación se detallan algunos símbolos adivinatorios clásicos que puedes encontrar:

Corazones

Los corazones simbolizan las emociones y las cuestiones del corazón. Es aconsejable revisar otras imágenes que estén cerca del símbolo del corazón para saber si son positivas o negativas. Esto te indicará si todo va a ir bien o mal en la vida amorosa del consultante.

Tréboles

Los tréboles suelen hacer referencia al dinero, pero también simbolizan los negocios, el trabajo, la profesión y el éxito en vida. En este sentido, una imagen de un trébol es especialmente buena. Encontrar este símbolo en la taza es buena señal, aunque esté relacionado con algo que no sea el trabajo o los negocios.

Diamantes

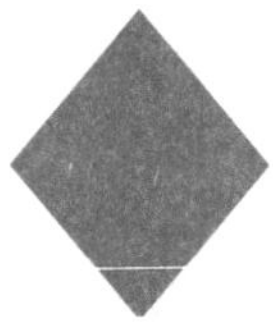

Los diamantes están relacionados con las cartas, los correos electrónicos, las llamadas de teléfono y las noticias de carácter importante. También representan dinero y suerte, sobre todo en nuevas empresas o fuentes de ingresos. Los diamantes implican que algo desconocido pero bueno está a punto de pasar.

Picas

Las picas marcan el principio de una época de mala suerte. Ninguno queremos esto para nosotros mismos ni queremos verlo en otros, pero la naturaleza del karma es que, si algo malo puede pasar, va a pasar. De todos modos, si no hubiera invierno, ¿cómo apreciaríamos la primavera?

Símbolos rúnicos

Si quieres interpretar símbolos rúnicos debes tener sí o sí un libro de runas, ya que cada runa tiene su propio significado. Por ejemplo, un símbolo que se suele encontrar en la lectura de las hojas de té es una línea vertical recta. Esta runa significa «hielo», por lo que, si aparece este símbolo, las cosas estarán «congeladas», o en suspenso, durante un tiempo.

PAUTAS GENERALES

- Por lo general, los puntos que forman los granos de café o té significan que el consultante recibirá dinero, pero también pueden representar un viaje si otros elementos de la lectura así lo corroboran.

- Los puntos más grandes representan dinero obtenido gracias al esfuerzo. La posición de los puntos indica cuándo llegará ese dinero, mientras que el tamaño y el número de puntos indican la cantidad.

- Las líneas rectas o ligeramente curvadas representan la creatividad y los proyectos que siguen una trayectoria definida.

- Las líneas onduladas o curvas alertan sobre la incertidumbre y la necesidad de ser precavido, de reflexionar, de planificar con cuidado y de tener una mejor orientación y un mejor control.

- Las montañas significan que dentro de poco el consultante tendrá que hacer un gran esfuerzo, pero que al final merecerá la pena.

- Los grupos de símbolos representan emociones. El tamaño y la posición que tengan muestran el alcance de las respuestas emocionales a acontecimientos, mientras que los patrones relacionados indican si habrá felicidad o tristeza.

- Los símbolos mal delineados sugieren indecisión u obstáculos que dificultan el progreso o la satisfacción.

- Los números representan el tiempo, ya sea en minutos, horas, días o semanas, en función de la naturaleza relativa de otros símbolos. Encontrarás más información sobre los números en relación con la lectura de las hojas de té en el capítulo 7: «Letras y números».

- Las letras del abecedario pueden hacer referencia a las iniciales de algún familiar, amigo o socio. Cuanto más cerca del asa aparezcan las iniciales, más importantes serán. Consulta el capítulo 7: «Letras y números» para más información sobre las letras en lo referente a la lectura de las hojas de té.

- Una o dos campanas simbolizan una boda.

- La imagen de una pelota cerca de la parte superior de la taza y no muy lejos del asa sugiere que el consultante experimentará dentro de poco una etapa de inquietud.

- La imagen de un ojo cerca del asa significa que dentro de poco se hará una oferta importante que deberá sopesarse con detenimiento. El consultante deberá llevar cuidado.

- Una sucesión de puntos desde la parte superior hasta la parte inferior de la taza significa dinero. Si están cerca del fondo de la taza significa que el dinero llegará poco a poco y durante cierto tiempo.

- Un corazón cerca de la parte superior de la taza, pero muy lejos del asa, significa amor y beneficios financieros.

- La imagen del sol en el fondo de la taza indica mejoría en todos los ámbitos y éxito en todos los esfuerzos que se realicen, aunque los símbolos que aparecen en el fondo de la taza no suelen traer buenas noticias.

- Una flecha cerca de la parte superior de la taza y bastante cerca del asa significa que habrá noticias importantes pronto, pero las armas también pueden traer noticias desagradables o estar relacionadas con un enemigo, sobre todo cuando la flecha apunta al asa.

- Una escalera lejos del asa sugiere que el consultante tendrá que hacer un esfuerzo continuo, pero dará buenos resultados.

- Una cesta al lado del asa quiere decir que dentro de poco llegará un invitado que será bienvenido y traerá regalos.

Y, POR ÚLTIMO...

Intenta hacer uso de tu instinto para crear tus propias figuras y significados. Cuando leas las hojas de té entrarás en otra dimensión, así que utiliza tu intuición para predecir, incluso cuando parezca que no hay ningún mensaje lógico en la taza.

Acuérdate de mirar primero los símbolos que reconozcas con facilidad, como iniciales, números, puntos, tallos de las hojas y líneas; los símbolos que estén borrosos no son tan importantes.

5
SÍMBOLOS ASTROLÓGICOS

Un único símbolo astrológico puede tener muchos significados; por ejemplo, puede hacer referencia a alguien que ha nacido bajo el signo en cuestión y llega a tu vida. También puede representar un acontecimiento o una circunstancia que describa el propio signo, como un cambio de dirección en el caso de los cáncer. El símbolo podría indicar un problema de salud, como un problema con las rodillas, en el caso de los capricornio. Por último, un signo del zodiaco puede indicar un momento importante del año, así que también deberías consultar las fechas que aparecen en la tabla de la página 49.

Ten en cuenta que lo más probable es que haya varios patrones distintos de hojas o de posos en la taza. Los símbolos astrológicos tienen mucho poder cuando se combinan con otros símbolos. Por ejemplo, puede que encuentres el símbolo de Tauro (que representa la casa y el dinero) y que al lado haya los símbolos de una carta o un sobre (lo que representa buenas noticias).

Cuando interpretes los símbolos de la taza, mira la imagen completa, tanto la ubicación de los posos como los significados individuales y las combinaciones de significados que encuentres.

FECHAS DE LOS SIGNOS DEL ZODIACO

Aries:	del 21 de marzo al 19 de abril
Tauro:	del 20 de abril al 20 de mayo
Géminis:	del 21 de mayo al 21 de junio
Cáncer:	del 22 de junio al 22 de julio
Leo:	del 23 de julio al 22 de agosto
Virgo:	del 23 de agosto al 22 de septiembre
Libra:	del 23 de septiembre al 22 de octubre
Escorpio:	del 23 de octubre al 21 de noviembre
Sagitario:	del 22 de noviembre al 21 de diciembre
Capricornio:	del 22 de diciembre al 20 de enero
Acuario:	del 21 de enero al 18 de febrero
Piscis:	del 19 de febrero al 20 de marzo

♈ ARIES

El símbolo de Aries puede indicar la llegada inminente de un aries a la vida del consultante, pero también podría tener relación con un periodo de nuevos comienzos, el comienzo de una empresa o hasta la fe ciega en el futuro. Quizás también represente un salto al vacío o una actitud pionera y deseo de aventura. Aries está ligado a herramientas de todo tipo, por lo que podría tener que ver con un trabajo que requiera el uso de herramientas. En lo que respecta a la salud, Aries está relacionado con la cabeza y los ojos, la fiebre y los dolores de cabeza.

♉ TAURO

Si el símbolo astrológico de Tauro no hace referencia a una persona, sugiere echar raíces. Puede que el consultante compre o amplíe una casa o que, por el contrario, decida comprar tierra y cultivarla. Seguro que el consultante se interesará por el dinero y empezará a ahorrar una parte, sobre todo si hay puntos cerca del signo. Al consultante le atraería la belleza en todas sus formas, lo que podría llevar a que mejorase su apariencia, a decorar su casa o a plantar un jardín de flores. Al consultante le puede interesar la música o la cocina, la carpintería o la costura. En lo que respecta a la salud, Tauro controla la garganta y la columna cervical (cuello).

♊ GÉMINIS

Aparte de indicar un encuentro con personas nacidas bajo Géminis, este símbolo también representa la educación y la ilustración a través de libros, cursos de formación, la universidad o bien un curso de introducción a las tecnologías de la información. Géminis está relacionado con la comunicación, por lo que puede indicar un trabajo en algún campo de dicho ámbito. Puede referirse a los vecinos, al barrio y a moverse por la zona, así que, si hay otros aspectos de la lectura que hagan referencia a estas cosas, este signo las acentuará. A veces este signo está relacionado con deportes o juegos y, sobre todo, con actividades intelectuales como el ajedrez. En cuanto a la salud, Géminis controla el sistema nervioso, la salud mental, las manos, los brazos, los hombros y el sistema respiratorio superior.

♋ CÁNCER

Este símbolo puede indicar la llegada de una persona cáncer, pero también puede ser un indicio de que haya algún cambio en la familia. Por ejemplo, podría ser un acontecimiento que afectara a toda la familia o que la uniera. Este signo rige a las madres y a las figuras maternales, por lo que estas pueden ser importantes de alguna manera. Cáncer se refiere al entorno del hogar, por lo que es posible un cambio de dirección. Este signo también se asocia con pequeños comerciantes y pequeñas empresas, por lo que puede que en poco tiempo pasen a ocupar un lugar fundamental para el consultante. Una antigua escuela de pensamiento astrológico asocia este signo con viajar, sobre todo con viajes de larga distancia, así que puede ser señal de un viaje importante. En cuanto a la salud, Cáncer controla el tórax, los pulmones y las mamas.

♌ LEO

Aparte de conocer a un leo, la aparición de este símbolo también puede indicar algún tipo de logro que tendrá muy buena acogida. Es posible que el consultante apruebe un examen, termine un proyecto, le pidan dar un discurso, tenga un papel protagonista en una obra de teatro o encuentre otra forma de destacar y alcanzar el éxito. Este signo también está relacionado con los niños, sobre todo con la diversión y placer que sientes al estar cerca de ellos. También puede estar relacionado con las vacaciones y la diversión, los deportes y los juegos e, incluso, las relaciones amorosas que no sean serias ni dolorosas. En lo que respecta a la salud, este signo afecta al corazón y a la columna vertebral.

♍ VIRGO

Este símbolo puede hacer referencia a un virgo, pero también puede simbolizar tener que escoger o tomar decisiones para así distinguir entre lo que es importante y lo que no. Virgo rige el trabajo y el deber, a los jefes y los empleados, así que lo que esté relacionado con tener un trabajo o contratar a alguien puede ser de gran importancia para el consultante. Este signo también controla la salud y el proceso de curación, así que puede tener que ver con una enfermedad o podría indicar un mayor interés en la salud y la curación. En algunos casos, el consultante empieza un trabajo o una afición relacionados con la curación.

♎ LIBRA

Si el símbolo no representa a una persona nacida bajo el signo de Libra, puede significar el comienzo de una relación, un matrimonio o una asociación empresarial. Puede que el amor y el sexo cobren importancia, pero no de una forma oculta o dañina. Puede que el consultante emprenda una carrera en el sector de la belleza o que encuentre trabajo en un restaurante o en un vivero. A veces, la aparición de este símbolo advierte de la presencia de un enemigo, pero, por lo menos, este será obvio y no oculto. En lo que respecta a la salud, Libra afecta al páncreas, la vejiga y los nervios de la parte inferior de la columna vertebral.

♏

ESCORPIO

Es posible que la aparición de este símbolo indique la llegada de un escorpio, pero también sugiere un compromiso firme con algo o alguien mediante un matrimonio o una relación laboral. Este signo regula cosas como las hipotecas compartidas, los patrimonios, los impuestos y las herencias; también tiene que ver con el nacimiento, la muerte y los grandes acontecimientos de la vida, como un matrimonio o un divorcio. También puede ser una señal de resentimiento, opresión y tiranía, por lo que el consultante debe estar seguro de que cualquier nueva relación que establezca no sea perjudicial. Los factores de salud asociados con este signo afectan a los órganos reproductores, la pelvis, la parte inferior de la columna vertebral y los ojos.

♐

SAGITARIO

Aparte de indicar la llegada de una persona de signo Sagitario a la vida del consultante, la aparición de este predice ciertas situaciones que pueden surgir. El signo está relacionado con la ampliación de horizontes, ya sean educativos, espirituales o literales. Puede que el consultante decida profundizar en cuestiones espirituales, religiosas, filosóficas o éticas; o bien empiece un viaje o a estudiar o amplíe sus horizontes de otra forma. Es posible que los lazos y las responsabilidades se debiliten mientras el consultante busca la verdad. Los problemas de salud suelen darse en caderas y muslos.

♓ CAPRICORNIO

Aparte de la llegada de nuevos capricornio a la vida del consultante, la aparición de este símbolo puede indicar que los negocios y las finanzas pasan a un primer plano. El consultante trabajará con ahínco para conseguir un objetivo en particular. Este signo podría predecir un periodo de reconocimiento o de ser el centro de atención y recibir premios por los logros. El consultante puede tener que cuidar a sus padres o abuelos o de otras personas mayores. La propia vejez del consultante y las dolencias que tenga pueden ser motivo de preocupación. En lo que respecta a la salud, Capricornio controla las rodillas, las espinillas y la piel.

♒ ACUARIO

La aparición de este símbolo puede indicar la llegada de un nuevo acuario, pero también es posible que signifique un cambio en el estilo de vida del consultante. Este símbolo muestra que no es el momento de ser convencional y corriente o de esperar que la vida siga el mismo camino. Se avecina alguna escapada en la que se necesitarán ideas originales y una nueva forma de ver la vida. Quizás el consultante se empiece a interesar por la educación, ya sea como instructor y profesor o estudiándose a sí mismo. Acuario controla los tobillos.

♑

PISCIS

Aparte de la llegada de un nuevo piscis a la vida del consultante, la aparición de este símbolo astrológico podría significar un viaje interior y una búsqueda de sentido a la vida y al más allá. También puede haber un mayor interés en el arte, la música y la creatividad, o un deseo de huir del hastío del trabajo y las responsabilidades mundanas. Este símbolo también significa que estás indeciso sobre algo o que no alcanzas a ver las cosas con claridad. En el peor de los casos, se trata de una advertencia para que no te refugies ni en las drogas ni en el alcohol. Las dolencias asociadas con este signo afectan a los pies y el hígado.

6

SÍMBOLOS DE LAS CARTAS DEL TAROT

Una baraja de cartas del tarot tiene setenta y ocho cartas. En la actualidad hay, literalmente, cientos de barajas diferentes entre las que elegir, muchas de ellas con ilustraciones que han cambiado mucho con respecto a los diseños originales del tarot. Por lo tanto, si crees que ves una imagen del tarot en una taza, utiliza tus conocimientos sobre el tarot o busca en un libro de ese tema para averiguar qué significa. Lógicamente, no verás una carta entera, dibujada con todo lujo de detalles, pero sí puede que veas algo parecido que te la recuerde: el perro que aparece en la carta El Loco, el símbolo del infinito de El Mago, una imagen del farol de El Ermitaño, un trono por La Emperatriz, una Luna, un Sol, un Carro, una Torre o una Rueda por dichas cartas, etc.

A continuación se recogen los significados de algunas de las imágenes más obvias que te puedes encontrar, empezando por los símbolos básicos de los cuatro palos de los arcanos menores.

VARAS O BASTOS

Esta imagen está relacionada con temas de negocios, trabajo y creatividad, así que presagia nuevos proyectos de todo tipo.

COPAS O CÁLICES

Este símbolo puede representar el amor verdadero, un obsequio o un buen amigo. Este palo trata de personas y sentimientos y, además, es completamente favorable.

ESPADAS

Es un símbolo de poder e implica que el consultante tendrá que tomar decisiones pronto y actuar en consecuencia.

OROS O PENTÁCULOS

Este símbolo está relacionado con el dinero, la seguridad, el desarrollo y los negocios, por lo que cualquier proyecto que comience en este momento será fructífero. Puede que haya una nueva fuente de ingresos.

EL MAGO

Está vinculado a un nuevo proyecto y a un paso al frente importante. El consultante tiene las habilidades y el conocimiento necesarios en sus manos y está más que preparado para poner sus ideas en práctica. El Mago representa las oportunidades y el comienzo de un proyecto, o incluso un viaje espiritual. Es conveniente pensar bien las decisiones y los actos futuros. Pronto el consultante tendrá la oportunidad de practicar sus habilidades y su formación, pero habrá involucrados otros factores como la política, el comercio o el engaño.

LA EMPERATRIZ

La Emperatriz puede representar los encantos sexuales, ser afectuoso con tu pareja o ser una madre cariñosa. Si la consultante es mujer, esta imagen podría simbolizar el embarazo o la maternidad, pero, tanto si es mujer como hombre, puede hacer referencia a un matrimonio feliz y gratificante. Habrá satisfacción y comodidad material, además de la remuneración completa a cambio de cualquier trabajo o esfuerzo que el consultante lleve a cabo.

Si se indica un cambio de domicilio, habrá un hogar cómodo con tierra a su alrededor. Las preocupaciones económicas están a punto de acabar.

LOS ENAMORADOS

Cuando aparece esta carta, puede significar que se aproxima el amor, el romance o la pasión, o bien que una historia de amor que preocupa al consultante florecerá pronto. En otro sentido, esta carta representa también la amistad y la armonía. Si se han separado unos amantes de verdad, esta carta es un buen presagio de que pronto volverán a estar juntos. Otra posible interpretación indica que el consultante tendrá que tomar una decisión complicada.

LA JUSTICIA

Esta carta indica que el resultado de cualquier situación será justo y legítimo. Si hay temas legales en marcha, puede que el resultado no sea el que el consultante quiera, pero será justo y razonable. En cuanto a sociedades o negocios, se compartirán de forma justa las responsabilidades y se alcanzarán acuerdos. Si el consultante ha sido acusado injustamente, la situación se rectificará y el consultante recibirá una disculpa. El consejo que esta carta ofrece de forma inherente es ser honesto y completamente sincero en cualquier trato o negocio.

EL ERMITAÑO

Si aparece una imagen de El Ermitaño, el consultante podría retirarse de su círculo social. Esta imagen pronostica un periodo de estudio y meditación y el tiempo y el espacio para reflexionar seriamente. Puede que se viva un periodo de soledad o convalecencia de una enfermedad o un periodo de trabajo en solitario en casa. También podría significar que el consultante va a tomarse un tiempo libre de su vida ajetreada y a iniciar una época de desarrollo espiritual.

LA RUEDA DE LA FORTUNA

El símbolo de la Rueda podría significar tanto un viaje como un cambio de circunstancias. Si el consultante lleva un tiempo en un «limbo», pronto habrá un cambio.

LA TORRE

Este arcano señala que ocurrirá algo inesperado y que seguramente no será agradable. Se acabarán los engaños y la verdad sobre ciertas personas y situaciones saldrá a la luz con una claridad asombrosa. El consultante se cuestionará algunas creencias que antes daba por ciertas, y puede que vea traicionada su confianza.

LA ESTRELLA

Es un símbolo de esperanza, fe y optimismo. Es un claro indicio de que las cosas irán bien en el futuro. Si el consultante ha estado pasando por una mala racha, la vida pronto volverá a ser tranquila. La salud y cualquier otro tema mejorarán pronto.

LA LUNA

Los temas centrales del símbolo de La Luna son la ilusión, el engaño, la neblina y los misterios. Si el consultante se ha enamorado, podría haber ilusión, obsesión y engaño en el aire. Si se relaciona con el dinero y el trabajo, podrían prevalecer la confusión, la falsedad y la trampa. También podría significar simplemente que nadie puede saber qué está pasando. Otra posibilidad es que haya una mujer que no es de fiar por ahí cerca.

EL SOL

Este símbolo indica que se acercan la alegría y la felicidad. Si al consultante le preocupan el matrimonio, la salud, el trabajo, el dinero o cualquier otra cosa, todo saldrá bien. Un niño podría entrar en la vida del consultante.

EL MUNDO

Este símbolo del tarot indica un sentimiento de culminación, que se cierra el círculo y que termina una fase de forma gradual y natural. Se aproximan el éxito y los logros. El consultante tendrá razones para sentirse orgulloso. Tendrá buena suerte, despertar espiritual y tranquilidad. Podría haber un viaje por placer o por trabajo, o incluso una emigración. Es posible que haya un cambio de domicilio, o cualquier otro cambio para mejor.

7
LETRAS Y NÚMEROS

Las letras del alfabeto que veas en la lectura de las hojas de té pueden hacer referencia a una persona, un lugar, una empresa o algo que se acerca a la vida del consultante. Este símbolo tiene que ser interpretado en relación con otros que estén a su alrededor. Por ejemplo, la letra *E* y una imagen de una casa cerca podría referirse al nombre de una casa, por ejemplo «Elm», o el nombre de la calle donde esté la casa, como «Elm Road». Una letra *J* cerca de una pistola o una daga podría advertir de que una persona cuyo nombre empieza por *J* se la tiene jurada al consultante. Este sistema también puede aplicarse a los números, así que, si aparece uno, merece la pena mirar qué símbolos hay cerca de él.

Un número podría hacer referencia a una fecha o un tiempo específicos, o también podría ser un lugar; por ejemplo, el número de un edificio. A veces conviene tomar nota de cualquier número o letra que veas; luego puedes continuar con el resto de la interpretación, y volver a los números o las letras después para ver si encajan con la lectura.

No obstante, los números tienen significado propio, y cuando utilizamos las normas generales de la numerología, las letras también podrían tener sus propios significados. A continuación verás cómo pueden traducirse las letras a números. Así pues, si parece que una letra no tiene relación con nada o nadie en particular, el número relacionado con ella podría ofrecerte más información.

A	B	C	D	E	F	G	H	I
J	K	L	M	N	O	P	Q	R
S	T	U	V	W	X	Y	Z	
1	2	3	4	5	6	7	8	9

NÚMERO UNO (1)

Este número representa un nuevo comienzo; si el consultante necesita afrontar algo difícil, tendrá la energía y el optimismo necesarios para hacerlo. Es un buen momento para firmar un contrato, llegar a un acuerdo o empezar un proyecto. El consultante debería tomarse un tiempo para hablar las cosas con los demás y, después, investigar nuevas ideas para ver si tienen fundamento o no. El consultante debería evitar las prisas y la impetuosidad.

NÚMERO DOS (2)

El consultante debería continuar con el camino que ha emprendido y reafirmar lo que haya hecho hasta este momento. Es el momento perfecto para unirse y cooperar con los demás o pedirles ayuda. Todo lo que tenga que ver con una asociación debería ir genial, pero podría haber diferencias o conflictos. El consultante debería tomarse un tiempo para relajarse.

NÚMERO TRES (3)

Este es un buen presagio para el pensamiento creativo y para la búsqueda de soluciones. Los temas artísticos también irán bien. El consultante debería intentar no comportarse de forma irritable con los demás, pero, si necesitara enfrentarse a alguien, deberá ser directo y tajante, sin caer en la obstinación o la manipulación. Tendrá tiempo para socializar, para ir de fiesta y para salir. Si el consultante tiene que viajar por negocios, por placer o para comprar, todo será un éxito.

NÚMERO CUATRO (4)

El consultante tendría que enfocarse en el trabajo y en llevar a cabo sus labores de forma práctica y constructiva. Los detalles serán esenciales. El consultante debería contactar con aquellas personas con las que quiere cooperar. También debería prestar atención a sus relaciones y colaboraciones personales. Este número advierte también de no pisotear a los demás mientras se quiere conseguir que todo se haga a tiempo.

NÚMERO CINCO (5)

Se tiene le sensación de que ha terminado una fase y comienza otra. No debería suponer grandes cambios, solo que un proyecto está acabando y empieza otro. Habrá contratiempos e interrupciones, pero también la sensación de estar en contacto con la gente adecuada. El consultante conocerá a personas interesantes, y podría sorprenderlo la llegada de una carta o una llamada.

NÚMERO SEIS (6)

Aparte de haber estado asociado a menudo con el trabajo duro, este número indica que el consultante podrá disfrutar pronto de comidas deliciosas, comprar cosas interesantes y escuchar música agradable. El amor y los asuntos del corazón gozarán de buena fortuna y la vida será plena, pero todavía hay trabajo que hacer.

NÚMERO SIETE (7)

Los temas relacionados con el amor, la pasión, los asuntos del corazón y las relaciones pasarán a un primer plano. El consultante debería enfocarse en sus relaciones amorosas, aunque eso signifique desatender sus labores, porque hay algo en su vida personal que necesita su atención. También sería conveniente que hiciera un viaje al interior de sí mismo y reflexionara sobre temas espirituales. Los estudios y las investigaciones irán bien.

NÚMERO OCHO (8)

Este número trae a la palestra asuntos económicos y de negocios, así que si el consultante debe liquidar un préstamo o las deudas de una tarjeta de crédito, pagar las facturas y, en definitiva, tomar las riendas de sus problemas económicos, debe afrontarlo ya. Los asuntos de negocios progresarán y el consultante recibirá buenos consejos y ayuda de aquellos en cargos de autoridad. Debería pasar tiempo a solas, ya que tiene que concentrarse en el papeleo y en los detalles. Según la sabiduría ancestral, el número ocho indica que el consultante podría recibir la noticia de una muerte pronto.

NÚMERO NUEVE (9)

El consultante tiene que terminar las tareas que tiene en cola y cerrar etapas, ya que pronto habrá un nuevo comienzo. Es un buen momento para tomarse unas vacaciones o para echar la vista atrás y pensar en todo lo que se ha conseguido hasta ahora. El consultante debe ser sincero y justo en cualquier trato que realice en este momento.

8

INTERPRETACIÓN DE LA «A» A LA «Z»

A

ABADÍA: Tírate a la piscina sin miedo, porque puedes actuar libremente sin preocuparte por los resultados de tus actos.

ABANICO: Esta señal indica indiscreción y coqueteo, pero no lo lleves muy lejos.

ABEJA: La abeja representa el trabajo duro y fructífero. Si el signo aparece cerca del asa, habrá felicidad y celebraciones en el hogar. Si se acerca al asa, puedes tener visita. Si está alejada del asa, significa que habrá reuniones con un resultado exitoso. Al fondo de la taza, significa que habrá críticas y acusaciones injustas contra ti.

ABETO: Podrás alcanzar el éxito en temas creativos.

ABRIGO: Este signo indica el final de una colaboración o amistad.

ACANTILADO: Prepárate para un gran cambio que podría implicar asumir un riesgo sin conocer el resultado. Atento a las dificultades, porque este podría ser un periodo crítico.

ACEBO: Este símbolo representa buena suerte, sobre todo en Navidad.

ACRÓBATA: Puedes esperar un periodo turbulento.

ÁGUILA: Quizás te obliguen a hacer un trabajo aburrido o a perder el tiempo haciendo cosas para otros, pero, si te planteas la situación desde una perspectiva distinta, te darás cuenta de que tiene sentido. Se prevé un cambio de dirección.

AGUJA: Recibirás reconocimiento y admiración, pero es posible que tengas que arreglar una relación que necesita un buen zurcido.

AJEDREZ (PIEZAS): Necesitas concentrarte.

ALAS: Las alas son un buen símbolo, indican libertad. Habrá mensajes, regalos o algún tipo de noticia. Si estás trabajando con ahínco por un objetivo, recibirás buenas noticias en este sentido. No te encierres ni te limites innecesariamente.

ALFOMBRAS: Disfrutarás con los amigos de verdad y encontrarás placer en actividades sociales alegres.

ALFOMBRILLA: Este símbolo representa buenos eventos sociales y amistad verdadera.

ALMENDRA: Esta forma representa la pureza y la virginidad. Es posible que se dé una alianza con una persona nacida bajo el signo de Virgo.

ALUBIAS: Este símbolo es indicio de preocupaciones relacionadas con el dinero.

AMAPOLA: No dejes cosas para mañana. Si esta figura se encuentra en el fondo de la taza simboliza dolor y pérdidas.

AMBULANCIA: Este símbolo denota enfermedad; si está cerca del asa, enfermedad en la familia.

ANCLA: Necesitas un descanso muy merecido y reconfortante junto al agua. Los asuntos económicos parecen favorables. En la parte superior de la taza, este signo indica estabilidad y fiabilidad en el amor o los negocios. Si el ancla aparece en la base de la taza, o si está rota, representa inestabilidad e inconstancia. También puede simbolizar una situación desagradable o un obstáculo que te está reprimiendo. En un lado de la taza, esta forma representa un emprendimiento comercial que implica viajar. Si aparecen puntos cerca, este símbolo es indicio de muy buena suerte.

ÁNGEL: Un signo de amor puro, buenas noticias y protección espiritual.

ANILLO: Como era de esperar, este símbolo está relacionado con el matrimonio y las relaciones de tipo matrimonial.

- En la parte superior de la taza, este símbolo representa un matrimonio o una proposición de matrimonio.
- Si el anillo está en el fondo de la taza, existirá una relación, pero no matrimonial.
- Si el anillo está roto, la relación o el matrimonio no durará.
- Si el anillo está completo, la relación irá bien.
- Si el anillo está roto y parece una C, una proposición no tendrá éxito.

ANKH: Este símbolo indica un periodo de sanación espiritual y sabiduría.

ARADO: Necesitarás paciencia mientras trabajes en un proyecto, pero al final merecerá la pena.

ARAÑA: Hay varios significados relacionados con este símbolo:

- Los bichos y los insectos indican varios problemas pequeños.
- Mira en tu interior y plantéate las cosas desde otra perspectiva.
- Pronto serás recompensado por el trabajo duro.
- Busca un personaje astuto.

ARAUCARIA: Es el momento de eliminar lo inservible de tu vida y poner orden en casa.

ÁRBOL DE NAVIDAD (ABETO): Este signo representa la buena suerte en la época navideña.

ÁRBOL: Este antiguo presagio ha reunido varios significados con el paso del tiempo. Léelos todos y decide cuál se puede aplicar a tu situación:

- Habrá mejoras en tu modo de vida y se cumplirán tus deseos.
- Te recuperarás de una enfermedad.
- Renovarás viejas amistades, pero debes evitar aquellas situaciones en la que debas hacer sacrificios innecesarios por los demás.
- Un árbol aislado hace referencia a una herencia, un linaje o un patrimonio cultural.

- Si no hay hojas en el árbol, puede haber conflictos familiares.
- Un árbol con muchas hojas simboliza alegría familiar.
- Un grupo de árboles simboliza la unidad familiar y, si son de hoja perenne, las relaciones serán duraderas.
- Una palmera indica riqueza y quizás vacaciones en la playa.

ARBUSTO: Encontrarás un obstáculo ante nuevas oportunidades. Las ramas representan tus opciones.

ARCA: Sientes necesidad de seguridad y confianza, así que es momento de que te alejes de situaciones difíciles y vuelvas a equilibrar tus emociones.

ARCO (CONSTRUCCIÓN): Va a surgir una oportunidad positiva. Si el arco está completo, tus esfuerzos van en la dirección adecuada y puedes esperar beneficios o un nuevo comienzo. Si el arco está dañado, tienes que analizar las situaciones y hacer los cambios pertinentes. Si es el caso, puedes buscar un sentido añadido en los símbolos que aparezcan cerca de este. Este signo puede denotar una buena relación o un matrimonio futuro.

ARCO (FORMA GEOMÉTRICA): Debes cuidar mejor de tu salud si no quieres poner en peligro tus planes.

ARCO / ARCO Y FLECHA: Un arco es un símbolo de buena suerte que representa la recompensa o celebración de un logro. Un arco y una flecha alertan de celos, rumores, calumnias y malas noticias en tu entorno.

ARCOÍRIS: Un símbolo maravilloso que indica que vas por buen camino y que tu deseo se cumplirá. Significa el fin de todos los problemas. Parecido a un arco, representa tu camino entre el mundo actual y el destino.

ARDILLA: Este símbolo indica que debes cuidar tu economía y tu energía y ser frugal con ambas. Tienes que prepararte para tiempos peores.

ARPA: Sentirás paz y tendrás éxito en el amor.

AS DE CORAZONES: El as de corazones indica un periodo de felicidad.

AS DE DIAMANTES: Vas a recibir un regalo, ¡aunque puede que no sean diamantes!

AS DE PICAS: El as de picas representa un gran edificio y una época en la que el poder está en tus manos.

AS DE TRÉBOLES: Estate muy atento al cartero; estás a punto de recibir una carta.

ASNO: La mala suerte se puede superar con paciencia. Puede que recibas una herencia.

ATAÚD: Ten mucho cuidado. Puede haber noticias de alguna pérdida.

AVESTRUZ: No escondas la cabeza en la arena. Si este símbolo está en la parte superior de la taza, pronto emprenderás un viaje importante. Si está en el fondo, seguirás viajando, pero más tarde que pronto.

AVIÓN: Este signo es un buen indicador de que estás a punto de alcanzar nuevas alturas y de que existe una gran posibilidad de viajar. Gozarás de una suerte maravillosa, pero no será así a menos que asumas un riesgo que al principio parezca que no va a funcionar. Si el avión está ascendiendo, las cosas irán a mejor. Si está descendiendo, se avecinan problemas. Si el avión está roto, hay peligro de accidente. Este símbolo también puede representar un avance profesional y, si está cerca del asa, puede indicar mejoras en el hogar. Cuando el símbolo está en un lado de la taza, el consultante desea viajar muy lejos de casa. En la base de la taza, este símbolo indica decepción en los planes.

AVISPA: ¿Alguien te ha hecho daño con sus hechos o palabras? Ten cuidado con el egocentrismo. Podrías tener problemas amorosos.

AZADA: El trabajo duro será recompensado.

AZAFRÁN: Mantente alerta, porque la buena fortuna anda cerca.

B

BABOSA: Se te concederán todos tus deseos.

BAILARÍN: Tu deseo será concedido.

BALANCÍN: Habrá altibajos en tu economía, pero el resultado final será positivo.

BALANZA: La balanza hace referencia a asuntos legales o a algo parecido a un juicio, para lo cual debes estar perfectamente preparado. Si la balanza está en equilibrio, se hará justicia, pero si no lo está, habrá un resultado injusto. Este símbolo también indica algún tipo de relación con una persona que sea libra.

BALLENA: El tamaño de esta criatura es lo que conforma su simbolismo. Por ejemplo, puedes participar en un gran proyecto o podrías perdonar un gran error; o también resolver antiguos problemas familiares, o quizás embarcarte en un largo viaje. Estas cosas pueden ser reales o simbólicas. Por ejemplo, puede que te embarques en un gran viaje interior y no uno real.

BANDERA: Despídete de los problemas, siempre que estés dispuesto a ser más asertivo. También deberás estar en alerta ante el peligro (fíjate en símbolos cercanos para reforzar el significado).

BANDEROLA: Una banderola representa el matrimonio con alguien exitoso, que traerá consigo respeto, fama y logros.

BAÑO: Es hora de purificarte de tu antigua forma de vida y cambiar tu comportamiento.

BARCO: Pronto avanzarás en tu vida, pero tienes que ser cauteloso al hacerlo. Si la imagen está en la parte superior de la taza, habrá un viaje que valdrá la pena; tu barco se acerca y podrías recibir la visita de un amigo. Un barco volcado denota peligro en circunstancias de descontento o porque te decepcione un amigo que no es de fiar.

BARCO: Recibirás noticias de lejos o de un viaje marítimo que valdrá la pena; el barco se acerca, aprovecha y zarpa con él. Al fondo de la taza, el símbolo indica que podrías llevarte alguna decepción.

BARRIL: Habrá un cambio en tus circunstancias económicas. Un barril lleno o entero denota buena suerte y mucha diversión futura. Si el barril está roto o vacío, habrá contratiempos y dificultades financieras.

BASTÓN: Pronto te visitará un hombre.

BATE O GARROTE: Ten cuidado con una situación que requiere mucha precaución.

BAÚL: Emprenderás un viaje que tendrá una repercusión drástica.

BAYONETA: Este símbolo avisa de un accidente poco grave o de que alguien puede hacerte un comentario malicioso.

BEBÉ: Este símbolo es un fuerte indicador de que te acercas a un comienzo nuevo y muy prometedor. Este acontecimiento puede deberse a nuevos intereses que tienen potencial para el crecimiento o puede indicar el inicio de una consciencia espiritual. También podría indicar el anhelo de sentirse amado. En la parte superior de la taza, este signo señala que serás el creador de una nueva idea. Cuando este símbolo está cerca del asa, significa que hay un bebé de camino dentro de tu círculo. En la base de la taza, indica que los planes no seguirán adelante y que habrá preocupaciones sin mucha importancia.

BELLOTA: La bellota es un símbolo muy fuerte y favorable que augura felicidad y alegría. ¡De los pequeños comienzos puede surgir un gran poder! Puedes esperar buena salud, éxito en los negocios y superación de los problemas. Si aparece en la parte superior de la taza, este signo indica éxito y ganancia económicos; en la parte media, trae consigo una mejora de la salud; en la base de la taza es un indicio de buena salud.

BESTIAS: Este símbolo es un augurio de mala suerte.

BICICLETA: Es momento de mostrar tu personalidad y elegir tu propio camino.

BICHOS: Los insectos siempre indican una multitud de problemas, pero ninguno será muy grande ni abrumador.

BOCA: ¿Te comunicas con los demás correctamente? Puede que oigas chismes o estés en peligro por decir algo que no debías. Si dejas de hablar y empiezas a escuchar, oirás algo que te beneficiará.

BOCALLAVE: Algo nuevo empezará muy pronto y tendrás mucha suerte en el amor. Si la bocallave está en el fondo de la taza querrás hacer cambios y encontrar el amor, pero, por ahora, solo encontrarás frustración.

BODA o PASTEL DE BODA: Irás a una boda.

BOLA Y CADENA: Te sientes atado a compromisos y obligaciones. Si este símbolo está al fondo de la taza, está relacionado con épocas difíciles y un periodo en el que tendrás que trabajar muy duro con escaso rendimiento. Una cadena enredada representa conflictos, mientras que una rota sugiere que pronto te liberarás de una situación problemática.

BOLÍGRAFO: Es el momento de comunicarse. Pronto tendrás que escribir unas cartas.

BOLSA O SACO: Te sientes atrapado o alguien te está reprimiendo o reteniendo. Este signo también puede indicar que necesitas deshacerte de los pensamientos y los sentimientos que ya no son necesarios. Si la bolsa está abierta, escaparás.

BOMBA: Se avecina una situación inestable. Cuidado con tus propias emociones, porque están a punto de explotar.

BOSQUE: Es un momento desconcertante. Llevas demasiada presión encima y estás agobiado; los árboles no te dejan ver el bosque.

BOTA: Entrarán cambios en tu vida. Si la bota está cerca del asa, habrá cambios en el hogar. Si la bota está alejada del asa, los cambios ocurrirán en tu vida social. Si la bota está en la parte superior de la taza, habrá protección contra el dolor o la pérdida; si está en el medio, habrá un viaje relacionado con tu trabajo; pero, si está al fondo, puedes quedarte sin trabajo.

BOTELLA DE VINO o COPA DE VINO: Disfruta de las celebraciones, pero no te pases.

BOTELLA: Puede que te rodee la tentación, así que tenlo en cuenta antes de lanzarte a hacer alguna tontería. ¿Estás reprimiendo algo? Estás en un ambiente inestable que requiere cautela, así que no te excedas con nada. En la parte superior de la taza, esta imagen representa festividades, pero, cuando aparece en la base, debes vigilar tu salud.

BOTÓN DE ORO (FLOR): Deberías vivir en el campo en lugar de en la ciudad.

BRAZO: ¿Te muestras muy abierto o muy a la defensiva respecto a algo? Los brazos abiertos muestran que debes abrirte más a la vida. Los brazos cerrados sugieren que sospechas de algo innecesariamente. Si el brazo apunta hacia arriba, tendrás que seguir nuevas direcciones. Un brazo que apunta hacia abajo sugiere que es hora de que te motives a ti mismo. Los brazos en horizontal indican que ayudarás a otros o recibirás ayuda de otros. Si el brazo está sujetando un arma, debes tener cuidado, porque tienes enemigos a tu alrededor.

BREZO: Este símbolo significa buena suerte.

BRUJA: Pasará algo raro.

BRÚJULA: ¿Qué dirección deberías tomar? ¿Te sientes perdido o confundido? No desesperes, porque pronto habrá un cambio de dirección y una oportunidad para viajar.

BÚFALO: Este símbolo representa una gran supremacía y abundancia.

BUFÓN: Diviértete por encima de todo, pero procura no quedar como un tonto.

BÚHO: Tras esa fachada de sabiduría, muchas veces te sientes perdido. Ten cuidado con los cotilleos de los demás o con convertirte en víctima de ellos. En la parte superior de la taza, el búho trae buenas noticias, pero si está en el fondo indica escándalo y mentira.

BUITRE: ¿Necesitas aclarar una situación desastrosa? ¿Hay alguien a tu alrededor que se comporta como un buitre? Ten cuidado con las pérdidas, los robos, los celos y la malicia.

BULLDOG: Hace falta tenacidad. Tienes que mantenerte firme y defenderte.

BUMERÁN: Cuidado con las repercusiones. Es una advertencia para que no seas cotilla, porque te rebotará.

BURBUJAS: Tienes que tomártelo con calma y disfrutar de la vida. Las burbujas que flotan en la superficie de tu bebida revelan que pronto recibirás dinero.

BURRO: Este símbolo indica tenacidad y resistencia. Debes ser más paciente y compresivo. Un burro cerca del borde de la taza representa buena suerte y una posible herencia. Si el burro está en el fondo de la taza, debes prepararte para hacer sacrificios.

BUZO: Todo saldrá a la luz.

C

CABALLERO: Alguien fuerte se acerca a ti y, si es adecuado, será tu nuevo amante.

CABALLETE: Es la ocasión adecuada para descubrir tus habilidades artísticas. Si hay puntos alrededor del caballete significa que recibirás dinero.

CABALLO: La impaciencia puede echar al traste tus oportunidades. Si el caballo está galopando, recibirás buenas noticias. Si también hay un jinete, vendrán noticias del extranjero, mientras que si solo se ve la cabeza del caballo, pronto llegará un nuevo amor a tu vida.

CABEZA: Tienes una nueva oportunidad ante ti, pero tómate tu tiempo para analizar la situación.

CABRA: Subirás hacia arriba y con el tiempo lograrás tu meta, pero debes andarte con ojo con los enemigos. Tu perseverancia dará frutos, aunque debes tomarte un tiempo para descansar y relajarte. ¿Tal vez conozcas a alguna persona nacida bajo el signo de Capricornio que necesite tu atención?

CACTUS: Necesitarás coraje y estoicismo en una situación peliaguda.

CADENA: Si la cadena está definida y bien formada, un proyecto o compromiso serio tendrá mucho éxito. También se puede relacionar con noticias de matrimonio o compromiso y felicidad venidera. Si la cadena aparece rota, puede haber problemas en el ámbito de las relaciones.

CAFETERA o TETERA: Está a punto de llegar alguien especial, pero no es el inicio de un romance.

CAIMÁN: Puede que debas esconderte tras una fachada de seriedad para escapar de un peligro. Cuidado con las falsas amistades que acechan en tu vida profesional.

CAJA: ¿Te sientes encerrado? Es momento de afrontar tus miedos y alejarte de lo que sientes que te reprime. Si la caja está abierta, pronto recibirás un regalo. Si está cerrada, encontrarás algo que creías haber perdido.

CALDERO: Tendrás que hacer sacrificios.

CAMA: Es posible que pierdas una oportunidad por pereza. Si conoces a alguien con quien te quieras involucrar por amor o negocios, piénsalo bien antes de establecer una relación estrecha en el ámbito de los negocios con esa persona.

CAMELLO: Superarás cargas y angustias con el fin de encontrar refugio.

CAMIÓN: Recorrerás el mundo en el futuro.

CAMPANA: Se te reconocerá y premiará por el trabajo o los servicios que ofreces a otras personas. Si la campana está en la parte superior de la taza, habrá buenas noticias inesperadas en el amor o los negocios, pero debes estar atento a los detalles. Dos campanas sugieren que podría haber un romance o matrimonio exitoso.

CAMPANARIO: Este símbolo representa un ligero retraso y un poquito de mala suerte.

CAMPÁNULA: Tienes que abrir los ojos y descubrir lo que ocurre a tu alrededor.

CANDADO: Si el candado está abierto, puede haber una sorpresa. Si está cerrado, recibirás una advertencia.

CANDELABRO: Encontrarás una solución a tus problemas.

CANGREJO: ¿Estás demasiado sensible o malhumorado? Ha llegado el momento de ser más directo y andarte con ojo con las personas retorcidas. Este símbolo también puede representar que alguien nacido bajo el signo de Cáncer va a entrar en tu vida.

CANGURO: Es el momento de dar un salto hacia adelante, pero a los críticos y falsos no les reveles tus sentimientos más profundos. Disfrutarás de la armonía en casa. Los viajes también se recomiendan encarecidamente.

CAÑÓN: Tendrás ayuda gracias a unos amigos poderosos. Recibirás buenas noticias de parte de alguien en las fuerzas armadas. Una estrella cerca significa que hay posibilidad de un ascenso laboral.

CAPULLO: Este signo indica inmadurez o planes no formados.

CARA: Es hora de plantar cara a la situación. ¿Hay alguien falso cerca de ti? (Busca las iniciales más próximas que te indiquen la identidad de esa persona.) Una cara cerca del borde o del mango de la taza advierte de demasiada introspección. Si este signo se enfrenta a otro, recalca la importancia de este último. Una cara sonriente simboliza esas amistades que traen felicidad y alegría. Un rostro enfadado significa que pronto te las verás con personas enfadadas y complicadas.

CARACOL: ¿Las cosas van muy despacio? Quizás debas ponerte en marcha. Dejarás huella, pero tienes que ir con cuidado.

CARDO: Conocerás a una persona muy dura que puede soportar cualquier cosa y deberás encontrar tu propia valentía. Pueden llegar buenas noticias en el ámbito del amor.

CARNERO: Es el momento de poner en práctica nuevas ideas o proyectos. Alguien con el signo zodiacal de Aries podría convertirse en una persona importante para ti.

CARRETA: Experimentarás fluctuaciones de suerte.

CARRETERA: En las lecturas de hojas de té, los caminos y las carreteras son siempre una metáfora del viaje de la vida. Este símbolo puede hacer referencia a tu estilo de vida actual o a un futuro cercano.

- Dos líneas paralelas significan que tu situación está a punto de cambiar.
- Las líneas rectas muestran que el camino a seguir será fácil, mientras que las líneas onduladas representan las dificultades que se pueden superar.
- Un cruce significa que tienes dos opciones.
- Una curva representa acontecimientos inesperados.

CARRETILLA: Debes confiar en ti mismo y evitar decir mentiras o verdades a medias.

CARRO/CUADRIGA: Éxito en cuestiones de negocios, siempre que mantengas en control.

CARRUAJE: Se avecinan riqueza y visitas de amigos.

CARTA: ¡Revisa tu correo! Recibirás una carta muy esperada o papeleo importante. La posición de este símbolo indicará si la entrega contiene buenas o malas noticias. Si tiene puntitos cerca, significa que llegará dinero. Con un corazón cerca, significa que tendrás problemas emocionales o matrimoniales.

CASA: No puedes depender demasiado de los demás porque debes ocuparte de tus propios intereses. Sobrellevas bien el estrés e incluso puedes superar algún trauma. Si el símbolo de la casa está cerca del asa de la taza, habrá problemas domésticos. Si está en la parte superior de la taza, habrá un cambio de dirección, mientras que, si está en el medio, significa vacaciones o unos días fuera. En cambio, si está en el fondo, ten cuidado con todo.

CASCADA: Habrá felicidad, riqueza y prosperidad.

CASCANUECES: Desaparecerá cualquier problema que estés atravesando.

CASCO: Habrá una pelea o una aventura amorosa apasionada..., o ambas.

CASTAÑO (ÁRBOL): Se hará justicia en tu favor o bien serás justo con alguien.

CASTILLO: Este signo ofrece seguridad y protección. Se concederá un deseo, pero, si el castillo está en ruinas, las esperanzas y los sueños no llegarán a dar resultados.

CATAPULTA: Habrá discusiones y desacuerdos y un ataque injustificado.

CATEDRAL: Puedes esperar una gran prosperidad.

CAYADO (BASTÓN DE PASTOR): Es señal de protección, pero debes ejercer tus dotes de liderazgo.

CEBOLLA: Este símbolo te aconseja que guardes algunas cosas para ti. También predice que alcanzarás el éxito en tu etapa de madurez.

CEBRA: Sé más flexible y atrevido en tus planes de viaje. Un romance será más emocionante y placentero mientras permanezca oculto.

CEPO: Ten cuidado porque habrá una situación humillante.

CERDO: Pronto mejorarás las vidas de los demás y persistirá todo lo bueno que hagas. Ten cuidado con una persona ambiciosa y celosa, y protégete de la indulgencia excesiva. Puede que también tengas una conexión con alguien que haya nacido en el año del cerdo.

CEREZA: La cereza es un buen augurio de amor, sobre todo para un consultante joven.

CERRADURA: Encontrarás piedras en el camino.

CESTA: ¡Ánimo! Vas a recibir un regalo útil o harás un nuevo amigo. En la parte superior de la taza, este signo representa una época de cosecha, abundancia y ganancias materiales. Cerca del asa, sugiere que hay un bebé en camino. Si la cesta aparece acompañada de puntos, el dinero pronto llegará a ti. Las flores en una cesta son un símbolo de que se avecina una época agradable.

CETRO: Este símbolo muestra que el poder y la autoridad están de tu parte.

CIERVO: Deberías ser más asertivo e intentar vencer la timidez. El ciervo es un buen presagio para los estudios y los exámenes.

CIGÜEÑA: ¡Un nacimiento! Este símbolo representa la llegada de un bebé, sobre todo si está cerca del asa. Si está lejos del asa, la cigüeña representa el nacimiento de una idea o un nuevo plan. Sea como sea, augura felicidad en la familia.

CÍRCULO: Este símbolo tan potente muestra que es hora de plantearse una situación desde una perspectiva completamente nueva. Si el círculo está completo, habrá éxitos y una posible boda y algo llegará a término. Un círculo roto (como la forma de la letra *C*) significa que te llegará una oferta temporal o que habrá ofertas no definidas que no llegarán a dar fruto. Dos círculos indican dos bodas, mientras que los círculos con puntos alrededor están relacionados con un bebé. Si hay tres puntos, el bebé será niño.

CIRUELA: Se aproxima una nueva y excelente oportunidad y tendrás que realizar un viaje en relación con ella.

CISNE: Hay varios significados asociados a este símbolo, así que deberás decidir cuál se aplica a tu situación en particular.

- Experimentarás tiempos convulsos, pero podrás escapar de ellos antes de que la cosa se ponga seria.
- Puede llegar un amante inesperado e inusual.
- Mejorará tu economía.
- Si el cisne está en el fondo de la taza, podrías recibir la noticia de una muerte o separarte tras una relación larga.

CLÉRIGO: Este signo anuncia el final de una discusión. También señala un evento como una boda o un bautizo, pero, si aparece en la base de la taza, podría ser un funeral.

COCODRILO: Sé precavido ante los peligros ocultos, ya sea por causas propias o ajenas a ti.

COCHE DE CABALLOS: Esperas un ascenso de clase social.

COCHE: El futuro podría ser inestable, así que mira antes de cruzar. Si la forma del coche está bien definida, harás un viaje. Si la imagen se ve rota, representa problemas mecánicos.

COFRE: ¿Hay algún ámbito de tu vida al que tengas que abrirte? Este símbolo representa un potencial por descubrir.

COHETE: Estás a punto de adquirir un poder ilimitado, y eso os brindará a ti y a tu familia mucha felicidad.

COJINES o ALMOHADAS: Es una señal contra la pereza y la dilación.

COLINAS: No hagas una montaña de un grano de arena. Deberás enfrentarte a algunas pequeñas dificultades, pero te sentirás mejor cuando las hayas abordado.

COLMENA: Puede haber logros en el ámbito laboral.

COLMILLO: Tendrás suerte en el amor.

COLUMNA: Siempre y cuando tu ego no se interponga en el camino, te espera un ascenso y el éxito. Los buenos amigos te ayudarán. Sin embargo, una columna rota te advierte de un amigo que no es de confiar.

COLLAR: Este símbolo se relaciona con tu vida sentimental y significa que serás feliz en el amor y en las relaciones de pareja. Sin embargo, un collar roto significa que se romperá una relación amorosa. Se puede aplicar lo mismo a la amistad, es decir, tendrás buenos amigos siempre y cuando el collar no esté roto.

COMA: Es necesario que descanses y reflexiones.

COMETA (ESTRELLA): Estás a punto de experimentar un cambio drástico o un acontecimiento importante en tu vida. Ten cuidado con alguna pérdida o robo.

COMETA (JUGUETE): Apunta alto y céntrate en tus deseos; se te concederán.

CONCHA: ¿Estás disgustado y solo quieres esconderte? No te desesperes, porque llegarán buenas noticias y pronto tendrás suerte y éxito tanto con el dinero como en el amor.

CONDUCTOR: Recibirás buenas noticias de gran importancia y tendrás suerte.

CONEJO: Este símbolo tiene muchos significados:

- Representa la prosperidad, pero puede que tengas que ser valiente y estar seguro para mejorar.
- Debes calmarte y ser más organizado.
- Deberías aprovechar tus maravillosas habilidades comunicativas para obtener buenos resultados.
- Habrá fecundidad en los asuntos familiares o de negocios.
- Puede que tengas relación con alguien que haya nacido bajo el signo zodiacal chino del conejo.
- Este símbolo puede significar que Semana Santa será una época importante.

CORAZÓN: El corazón es señal de amor verdadero, felicidad o beneficios económicos. Si el corazón está en el fondo de la taza, cuida bien de tu salud.

CORCHO: Se avecinan fiestas y celebraciones.

CORDERO: ¿Estás siendo demasiado humilde? Es el momento de convertirse en alguien más asertivo. Si el cordero está cerca o frente al asa de la taza pronostica un periodo de prosperidad, sobre todo en aquello que quieres y necesitas para el hogar y el entorno doméstico.

CORNETA: Tienes que prepararte para una empresa difícil que está por venir.

CORNUCOPIA: La abundancia está de camino, pero cuidado con gastártela toda de golpe.

CORONA DE FLORES: Si este símbolo está en la parte de arriba de la taza es un buen augurio, pero si está en el fondo, trae noticias de una muerte.

CORONA: Una corona es signo de mucha suerte. Alcanzarás tus objetivos, serás respetado y la suerte estará de tu parte sin hacer ningún esfuerzo en especial. Recibirás el respeto y el reconocimiento por tu trabajo. Una corona con estrellas representa suerte inesperada.

CORREDOR: ¿Huyes de algo? Puede que necesites enfrentarte a algo. También puede que recibas mensajes o noticias. En la parte de arriba de la taza el corredor augura buenas noticias, pero si está en la parte de abajo, serán malas.

CORTINA: Hay secretos detrás de la cortina.

CRUZ: Debes tomar una decisión que conllevará un cambio drástico, ya que indica algún sufrimiento o sacrificio. Si el símbolo está cerca del borde de la taza, el cambio llegará pronto, pero si está en el fondo, el cambio será más tarde. Si la cruz tiene forma de T, conseguirás el éxito y la felicidad que tanto te han costado. Una con forma de X es un aviso de peligro. En cambio, si está rota simboliza obstáculos y perdidas.

CUADRADO: Es un símbolo de estabilidad. Recibirás protección frente a una pérdida o un daño, aunque posiblemente tendrás que soportar carros y carretas.

CUBO: Ata cabos sueltos antes de empezar algo nuevo.

CUBO: El cubo representa una temporada de trabajo duro, ya sea en el matrimonio o en una relación entregada.

CUCHARA: Este símbolo de la buena suerte puede hacer referencia a un flirteo o a una situación agradable con tu familia, pero su significado tradicional es el del nacimiento. Dos cucharas podrían indicar que vienen gemelos, o quizás una pedida de mano. En realidad, cualquier acontecimiento que haya en los próximos dos años será feliz.

CUCHARÓN: Trabajar en colaboración te traerá armonía.

CUCHILLA DE AFEITAR: Es el momento de tener mucho cuidado con los accidentes, las discusiones, las amenazas y las separaciones.

CUCHILLO: Hay varios significados relacionados con este símbolo, dependiendo de la situación y la posición del cuchillo.

- Se magnificarán los buenos o malos aspectos de tu vida.
- Ten cuidado de no usar palabras ofensivas o revelar información personal a la persona equivocada.
- Deshazte de los trastos inútiles y pon orden en tu casa o en tu lugar de trabajo.
- Ten cuidado con la gente falsa.
- Si el cuchillo apunta en dirección contraria al asa de la taza, indica que se ha roto una amistad.
- Un cuchillo en el fondo de la taza advierte que ciertos asuntos legales saldrán mal.
- Si hay dos cuchillos cruzados te sentirás indefenso.

CUENCO: Este signo invoca invitaciones, dinero o abundancia.

CUERVO: Un símbolo potente que augura malas noticias, en concreto, sobre una muerte.

CULEBRA: Al igual que una culebra cuando muda la piel, es hora de que tú también te transformes. Ten cuidado con aquellos que no se merecen tu confianza o con los enemigos ocultos. Este símbolo puede hacer referencia al inicio de un romance apasionado.

CUNA: Un extraño está por llegar. Literalmente, podría significar un nacimiento o la reanudación de una vieja amistad.

CUPIDO: El amor está de camino.

CHACAL: Debes ser más consciente de tu entorno y de aquellos que te rodean, porque puede que alguien quiera hacerte una jugarreta.

CHAMPIÑÓN: Cuenta con un aumento rápido de estatus y cierto éxito. En la parte superior de la taza, este símbolo representa un viaje o una mudanza al campo. Si está en el fondo significa crecimiento rápido. Si está al revés indica que habrá frustración por dificultades empresariales o problemas en casa.

CHIMENEA HUMEANTE: Dicen que «donde hubo fuego, cenizas quedan». En este símbolo te advierte de un peligro que te acecha o de cierta falta de claridad. Tienes que aclarar la mente. Si el humo sale hacia arriba, todo irá bien. Si se dobla hacia un lado, habrá limitaciones o aburrimiento.

CHIMENEA: Debes estar alerta ante un peligro oculto.

D

DADOS: Los dados significan destino y cambios. Tienes que dejarte llevar. Si los dados van acompañados de un signo menos, evita las apuestas.

DAGA: Hay peligros para ti y los demás. Cuidado con una persona celosa que busca problemas. Procura no decir palabras ofensivas o revelar información personal y sé consciente de que puede haber peligros ocultos u ofertas que son demasiadas buenas para ser verdad. No tengas prisa.

DEDAL: Habrá cambios en el entorno familiar, y deberías centrarte en enriquecer tu vida doméstica.

DEDALERA: Das tiempo, cariño y regalos a los demás con alegría.

DEDO: Esta señal sugiere que tú u otra persona está señalando con un dedo acusador. Si el dedo apunta hacia arriba, se necesita precaución y, si apunta hacia abajo, es hora de dejar lo que sea que estés haciendo con tu vida y cambiar de dirección.

DELFÍN: Se brindará ayuda en caso de emergencia. Es un momento seguro para viajar y serás bien acogido dondequiera que vayas.

DEMONIO: Este signo denota el compromiso con un proyecto o una aventura amorosa muy apasionada.

DIAMANTE: Un regalo o una ganancia inesperada está por llegar.

DIENTE DE LEÓN: A menos que seas precavido, habrá inconvenientes en los preparativos del viaje.

DRAGÓN: El dragón indica nuevos comienzos, pero debes hacer frente a los problemas imprevistos sin rodeos. Puede que conozcas a una persona conspiradora u ostentosa. Este símbolo también puede significar que alguien nacido en el año del dragón del zodiaco chino se convertirá en una persona importante para ti.

E

EDIFICIO: Es hora de sentar nuevos cimientos en tu vida. También puede haber un cambio de vivienda.

EJÉRCITO: Te verás implicado en una experiencia polémica y tendrás que recurrir a tus recursos internos para superar los obstáculos.

ELEFANTE: Este símbolo representa sabiduría, fuerza y buena salud mental. El amor y el deseo vienen de camino, al igual que el cariño y la ternura. Si algo tarda más tiempo en solucionarse, ten paciencia.

EMPLEADO DE CORREOS: Vienen noticias importantes y la posición del símbolo indicará cuándo. Cuánto más cerca esté del borde de la taza, antes llegarán estas buenas noticias.

ENANO: ¿Hay algo que te abrume? No le pongas límites a tu potencial. Sé tolerante a la hora de aplacar una situación difícil.

ENCAJE: Pronto progresarás.

ENFERMERA: Hay que tener cuidado en el ámbito de la salud y el bienestar.

EQUIPAJE: El significado tradicional que se relaciona con este símbolo es el de un viaje que traerá buena suerte, o quizás emigración. Este símbolo también indica que debes desprenderte de los viejos hábitos.

ESCALERA: Tu vida mejorará, es posible que te asciendan o notes una mejoría en una situación empresarial. Los peldaños que faltan indican reveses, pero no un fracaso total. Una escalera en el fondo de la taza advierte de una pérdida financiera.

ESCALERAS: Habrá un cambio en tu posición social o tu conciencia espiritual.

ESCARABAJO: Este es un símbolo de buena suerte. Experimentarás renovación y crecimiento, pero debes tener visión de futuro. Es posible que tengas la oportunidad de viajar lejos.

ESCOBA: Estás comenzando un nuevo periodo en tu vida en el que barrerás las antiguas dificultades. Es una oportunidad para empezar de cero. Tu hogar o tu entorno de trabajo necesita mejoras o decoración. Despeja todo el desorden ahora.

ESCORPIÓN: Un escorpio ejercerá una gran influencia sobre ti. Ten cuidado, porque los escorpio siempre tienen un as en la manga.

ESCRITORIO: Una carta traerá buenas noticias.

ESPADA: La espada es un símbolo poderoso que representa discusiones y problemas, divorcio, enfermedades o muerte. Tienes que mantener el control. Si hay dos espadas cruzadas, debes evitar palabras fuertes o desvelar información personal, ya que esto conllevará discusiones y riñas. Si la espada está rota, vivirás una derrota.

ESPEJO DE MANO: Vivirás un momento de iluminado en sueños.

ESPOLETA: Tu deseo se hará realidad.

ESPOSAS: Esta señal advierte de limitaciones y dificultades.

ESQUELETO: Habrá pérdidas financieras o perderás a un amigo. Cuida la salud. Puede que pronto salgan a la luz trapos sucios.

ESTRELLA: Este símbolo antiguo tiene varios significados:

- Es un símbolo de esperanza, amor, alegría y prosperidad.
- Si tiene seis puntas, quiere decir que tus sueños se harán realidad.
- Si tiene cinco puntas, habrá un aumento de tu conciencia espiritual.
- Las estrellitas en la parte superior de la taza representan niños con talento.
- Si hay muchas estrellas habrá problemas económicos, pero con un resultado positivo.

- Una estrella en el fondo de la taza te advierte de que cambies el rumbo antes de que sea demasiado tarde.

F

FAISÁN: Hay un ascenso o una herencia en camino, pero también puede haber una pérdida legal.

FARO: Podrías enfrentarte a una circunstancia que exige liderazgo o inspiración.

FARO: Se descubrirán peligros ocultos.

FÉNIX: «El ave fénix resurge de sus cenizas.» Este es un momento de recuperación y resurgimiento. Regresará un amante y puede que vuelvas a poner en marcha un proyecto del pasado con éxito.

FERROCARRIL: Este símbolo significa que harás un viaje lago.

FIGURAS HUMANAS: Van a llegar momentos de felicidad y placer. (Echa un vistazo a los otros símbolos que haya cerca).

FLECHA: La flecha es un signo de dirección clara, pero sugiere que te vendría bien ser cauteloso. Este símbolo también representa noticias, pero es conveniente fijarse en la dirección en la que apunta la flecha. Si apunta hacia arriba, tendrás suerte en el amor. Cuando la flecha apunta hacia abajo, estás tomando la dirección equivocada en tu vida. Una flecha que apunta en dirección horizontal indica que no cambiarás, pero que debes mantenerte alerta contra aquellos cuya actitud hacia ti se esté volviendo desagradable. Una flecha acompañada de puntos muestra que el problema será de carácter económico.

FLOR: Una flor suele ser augurio de felicidad, y si está cerca del borde de la taza te llegarán elogios y cumplidos. Si la encuentras en mitad de la taza significa que el amor y el compromiso están cerca, pero si está en la base indica que serás desdichado en el amor, de momento.

FORTALEZA: Pronto estarás en una posición fuerte.

FRESAS: Vendrán buenos tiempos y mejorará tu economía. Puede que llegue también una propuesta de matrimonio.

FRUTA: ¡Es hora de recoger lo sembrado! La prosperidad, la fertilidad y el éxito están por llegar.

FUEGO: Esta señal es un claro indicio de que experimentarás pasión, lujuria y deseo sexual. Si está en la parte superior de la taza, representa un logro, mientras que, si está en el fondo, significa que corres el riesgo de precipitarte.

FUELLE: Algo que había decaído o marchitado se volverá a llenar de vida.

FUENTE: Este signo es un indicio sólido de una relación permanente, de amor eterno y felicidad rebosante.

G

GAITA: Puede que viajes a Escocia, sí, pero en general este símbolo es un aviso de decepción.

GALÁPAGO: Superarás los problemas esforzándote, poco a poco, con decisión y seguridad y siendo muy paciente. Alguien criticará tu trabajo, pero lo hará de manera constructiva, así que la crítica será positiva a largo plazo.

GALGO: Podrás alcanzar la buena suerte y la fortuna, pero solo si te esfuerzas mucho.

GALLINA: Te espera una vida hogareña muy feliz.

GALLO: Algunas personas te ven como alguien de fiar más que alguien inteligente, pero te ganarás el respeto con el paso de los años. Si el gallo está en el fondo de la taza, cuídate de la arrogancia.

GANADO: Se avecina prosperidad.

GANSO: En un futuro habrá prosperidad, abundancia y buenos momentos con los amigos y la familia.

GANSOS: Llegarán personas e invitaciones inesperadas.

GÁRGOLA: Cuidado con una persona deshonesta que puede traerte problemas.

GARRA: Una advertencia clara de que el peligro te rodea por parte de enemigos ocultos.

GATO: Sigue a tu corazón, pero no agotes tus oportunidades siendo demasiado exigente. Atento al engaño por parte de un amigo en quien no debes confiar. Un gato sentado indica buena suerte.

GAVIOTA: Llegarás lejos siempre que no cargues con demasiadas responsabilidades.

GIGANTE: Este símbolo indica una persona fuerte que podría estar en una posición de influencia o autoridad.

GLADÍOLOS: Los gladíolos significan triunfo y éxito. También indican un posible vínculo con Australia.

GLOBO TERRÁQUEO: ¿Quieres viajar por el mundo? Esta imagen simboliza un viaje de larga distancia.

GLOBO: Este símbolo revela que tendrás una vida social muy activa. Si se encuentra en la parte superior de la taza, no queda mucho para que empiece esta época tan ajetreada. Si está cerca del asa, significa que te casarás, tendrás una familia y echarás raíces. Si está en la mitad de la taza, puedes esperar éxito en la madurez, pero si el globo está en el fondo de la taza, el éxito vendrá más adelante en tu vida.

GOLONDRINA o VENCEJO: Este símbolo se asocia normalmente a los viajes, así que podría haber cambios relacionados con estos. También podrías viajar por diversión. Puede que incluso te embarques en un viaje de por vida. Cerca del asa de la taza, la golondrina ofrece protección a la casa y a la familia.

GÓNDOLA: Promete un amante o una amistad entrañable, así como un viaje.

GORRIÓN: Este símbolo indica que el amor y el afecto están por venir, junto con buenas noticias sobre tu economía. Al fondo de la taza, indica el presagio de una muerte en extrañas circunstancias o el descubrimiento de enemigos ocultos.

GUADAÑA: La guadaña es un símbolo que te advierte del peligro de un posible accidente.

GUANTE: Es el momento de dejarse de sutilezas y actuar; se te presenta un desafío.

GUIONES: Realizarás varios viajes cortos que serán una pérdida de tiempo.

GUIRNALDA: Si el símbolo está en la parte superior de la taza, simboliza la felicidad de algunas relaciones; en la base, predice un funeral.

GUITARRA: Formarás parte de un grupo musical. Encontrarás la felicidad en el amor.

GUSANOS: Este símbolo advierte de un escándalo. Ten cuidado con aquellos que intenten abrirse camino en tu entorno.

H

HACHA: El hacha es un claro indicio de que deberías tomar el control de la situación. ¿Hay algo en tu vida que quieras cortar por lo sano? Si el hacha aparece cerca del borde de la taza, superarás cualquier dificultad. En la base de la taza, el hacha te indica que puede haber peligro y pérdida si no te andas con ojo. Puede que tengas que lidiar con una mujer que podría describirse como «un arma de doble filo».

HALCÓN: Hay celos en tu entorno; procura no ser tú el envidioso.

HAMACA: Esta imagen sugiere que es hora de relajarse.

HEBILLA: Una hebilla representa defensa y protección. Las relaciones colaborativas serán fructíferas.

HELECHO: Vivirás un periodo de irritación, desasosiego y frustración.

HERRADURA: La herradura es señal de buena suerte. Tendrás éxito si sigues adelante con tus planes, sobre todo con los preparativos de un viaje.

HERVIDOR DE AGUA: Si este símbolo está cerca del asa representa la comodidad del hogar, la felicidad y una visita especial. Esta visita podría ser de un amigo o pariente, pero es poco probable que sea de un amante. Si la tetera aparece en el fondo de la taza, indica una enfermedad leve.

HIEDRA: No es el momento idóneo para ser demasiado independiente. Deja que tus amigos te echen una mano.

HIGUERA: La higuera es signo de buena suerte; te llegarán cosas buenas.

HIPOPÓTAMO: Cuando hayas vencido la timidez, sentirás pasión.

HOGAR (CHIMENEA): La felicidad te espera en casa.

HOJA (PLANTA): Hay diversos significados para este símbolo:

- Es el momento de pasar página.
- Puedes recibir una carta o un mensaje con buenas noticias.
- Se avecina una nueva vida o estilo de vida. Además, un acontecimiento transformador terminará con la antigua, así que es el momento de dejar algo atrás.
- Se indica felicidad en el hogar, junto con un beneficio económico inesperado.

HOJA DE ARCE: No es el momento de desaprovechar las oportunidades. Puede haber cierta relación con Canadá o un indicio de que el otoño será una buena época para avanzar en tus planes.

HOMBRE: Como era de esperar, esta imagen tiene varios significados:

- Tal vez tengas que aprovechar algún tipo de energía masculina.
- Tradicionalmente, esta figura representa la visita de una persona de cualquier género. Si la imagen es clara y nítida, la persona será tenebrosa, mientras que una silueta borrosa sugiere una buena persona.
- Esta figura, cerca del asa, representa la visita de un amigo o pariente cercano.
- Si el símbolo tiene un brazo extendido significa que lleva regalos.
- Si la silueta está frente al asa, dentro de poco alguien estará trabajando mucho fuera de casa.
- Si la silueta está de espaldas al asa, es posible que la persona se vaya.

HORCA: Como cabe esperar, este símbolo advierte de peligro y mala suerte.

HORMIGA: Este signo representa el trabajo duro, o bien indica que una fase de mucho trabajo terminará de forma productiva tras un periodo difícil.

HUESOS: Una situación que te es cercana requiere de fuerza y resistencia emocional.

HUEVERA: El peligro ha pasado, así que puedes relajarte.

HUEVO: Si el huevo está entero, habrá una nueva vida o un nuevo comienzo muy exitoso. No obstante, si está agrietado o roto, tus planes se verán truncados o tendrás problemas económicos, que podrán superarse.

HURÓN: Esta señal advierte de que hay enemigos activos a tu alrededor.

I

ICEBERG: Toma las riendas de tus emociones o perderás el rumbo. Esto podría dar lugar a una ralentización de los proyectos o a una interrupción en tus planes.

IGLESIA: La fe en la divina providencia te aportará bendiciones con beneficios inesperados.

IMÁN: Atraerás cosas buenas hacia ti mismo.

INSECTO: ¿Qué te molesta? Un insecto es señal de distracción y de falta de concentración. Tienes que estar tranquilo para centrarte. Superarás con facilidad algunas distracciones menores, siempre y cuando estés tranquilo.

IRIS: Encontrarás la riqueza lejos de casa.

ISLA: ¿Te estás aislando? Ha llegado el momento de replantearse a dónde quieres llegar, aunque esta imagen también indica que se avecinan unas vacaciones divertidas.

J

JAMÓN: Date un buen atracón de reuniones familiares alegres.

JARDÍN: Asistirás a una fiesta o celebrarás algo.

JARRA: En la parte superior de la taza, esta señal indica buena salud, pero en la parte inferior advierte contra la extravagancia. Si está en otra parte de la taza, significa que vas a beneficiarte de los esfuerzos de otra persona.

JAULA: ¿Te sientes atrapado? No tienes por qué sentirte así, porque tienes ante ti varias puertas abiertas. Es hora de cambiar tu manera de pensar y deshacerte de las restricciones que te has autoimpuesto.

JAULA DE PÁJAROS: Te retendrán unas dificultades frustrantes.

JINETE: Arriésgate, vas a tener suerte y disfrutarás de una buena racha.

JIRAFA: La falta de reflexión o discreción acarreará problemas.

JOYAS: Este símbolo es un indicio claro de éxito material. También significa que recibirás un regalo valioso.

JUEZ: Es el momento de valorar una situación.

L

LADRILLOS: Los ladrillos con un signo de poder y fortaleza. Este signo representa una época durante la cual se sientan buenos cimientos para un crecimiento estable.

LAGARTO: ¡Presta atención! No te creas todo lo que te dicen, confía en tus propios instintos.

LÁMPARA: Si la lámpara está en la parte superior de la taza, predice una celebración y una oportunidad para que brilles. Si el símbolo está en el lateral de la taza se revelarán secretos. Una lámpara en el fondo de la taza simboliza aplazamiento, mientras que dos lámparas sugieren que te casarás dos veces.

LÁTIGO: Siempre y cuando no seas demasiado controlador, tendrás las de ganar.

LAZO: Evita las acciones impulsivas y mira las cosas con cuidado antes de dar tu opinión. Si el lazo está bien hecho tendrá lugar un proyecto afortunado o un compromiso importante. Si está roto, puede haber problemas o interrupciones.

LENGUADO: En momentos de peligro, quítate de en medio.

LEÑA: Los troncos de madera son un indicativo del éxito en los negocios.

LEÓN: Es el momento de controlar las cosas y reafirmarse. Un acto de valentía y rapidez te llevará muy lejos, pero eso tiene un precio. Tendrás amigos influyentes a tu alrededor. Un león macho representa un contacto poderoso o un hombre importante, pero también puede representar una persona con el signo zodiacal de Leo. Una leona representa una familia fuerte.

LEOPARDO: Tendrás que ser fuerte y un poco astuto si quieres tener éxito. Pronto harás un viaje largo.

LIBÉLULA: Sucederán acontecimientos positivos en casa.

LIBRO: Comprueba tu agenda. ¿Hay algo que hayas olvidado apuntar? ¿Una cita en concreto, quizás? Si el libro está abierto, recibirás buenas noticias y la respuesta a una pregunta. Si está cerrado, hay una cuestión que debes investigar. Si hay una ramita de té cerca del libro, la tradición dice que habrá un matrimonio con un escritor. Un libro y un bolígrafo indican que te ganarás la vida escribiendo.

LIEBRE: La liebre de orejas largas representa algo importante que se está gestando en tu futuro y está relacionado con el amor o los viajes. Sin embargo, cuidado con ser pedante. Si la liebre está en el fondo de la taza, un amigo tímido necesita ayuda.

LIMÓN: Este símbolo advierte de celos o amargura.

LÍNEA BIFURCADA o BIFURCACIÓN EN LA CARRETERA: Has llegado a un cruce y hay dos caminos para elegir.

LÍNEAS CURVAS: Puede que pierdas el rumbo o experimentes pérdidas y exasperación.

LÍNEAS: Las líneas siempre representan viajes, pero la longitud y la situación de la línea expresará si el trayecto es largo o corto; sencillo o lleno de complicaciones.

LIRIO: Tienes que luchar por un sueño, y si el lirio está cerca de la parte superior de la taza, el sueño se hará realidad. También habrá salud y felicidad, pero si el lirio está en el fondo de la taza, encontrarás ira y conflictos.

LOBO: Hay varios significados asociados a este símbolo antiguo, así que deberás determinar cuál es el más acertado en tu caso.

- Tienes que mantener el equilibrio en una situación familiar.
- Necesitas apoyo emocional.
- Ten cuidado con los celos y sé prudente con aquellos en quienes confías.
- Alguien te retará o traicionará.
- Protégete de los sentimientos obsesivos o de los celos que puedan abrumarte.

LORO: Esta es una señal de inseguridad, pero también puede significar que otras personas están hablando de ti. También indica un viaje.

LUNA: Este es un buen símbolo para las relaciones románticas o la amistad estrecha. Si la luna está rodeada de puntos, se celebrará un matrimonio de conveniencia más que por amor.

LLAVE: Habrá buenas noticias. Puede que recibas noticias sobre un cambio de dirección o una nueva relación amorosa. Las llaves cruzadas representan reconocimiento y éxito en el amor, mientras que un conjunto de llaves indica felicidad en todos los ámbitos. En el fondo de la taza, las llaves advierten de un posible robo.

M

MACETA: Este símbolo representa el servicio a los demás. Si has empezado un proyecto, te llevará un tiempo despegar.

MADRESELVA: Recibirás un amor y un cariño duraderos.

MAÍZ: Pronto habrá recompensas y recogerás lo que has sembrado.

MALABARISTA: No te dejes engañar por los demás, confía en tus propias habilidades. Pronto estarás hasta arriba de trabajo, pero podrás compaginar el tiempo con las responsabilidades, posiblemente gracias a un ascenso o a un nuevo trabajo.

MALETA: Hay visitantes de camino, y se recomienda viajar.

MANO: Los símbolos que tienen que ver con la mano suelen referirse al amor, pero también pueden estar relacionados con la vida en general. Aquí encontrarás algunas variaciones:

- Una mano abierta significa protección o ayuda de un amigo. También, que estás en manos del destino.
- Si la mano está cerrada, cuidado con alguna discusión o con cerrarte a las nuevas oportunidades. (Busca más información en los símbolos a los que apunta la mano.)
- El pulgar hacia arriba indica que es hora de seguir adelante con los planes; hacia abajo, significa que deberías esperar.
- Dos manos agarradas significan amistad.
- Si la mano está en el fondo de la taza, deberás controlar tus sentimientos.

MANSIÓN: Puedes aspirar a un aumento de estatus.

MANZANA: «Una manzana al día del médico te libraría», o eso dice el dicho. La manzana es un signo de salud y vitalidad, además de logros creativos o artísticos y abundancia. Recogerás los frutos de tu esfuerzo. En la base de la taza, este símbolo te recomienda que te protejas de la tentación y los abusos.

MAPA: Cualquier cosa parecida a una masa de tierra o a un continente reconocible se refiere a la influencia que tendrá ese lugar en tu vida. Este símbolo podría indicar una conexión con esa zona, un viaje o la necesidad de planificar tu futuro.

MARGARITA: Si tienes que tomar una decisión, deberías elegir la más simple. Pronto experimentarás un nuevo amor o un momento más feliz en una relación.

MARINERO: Te van a llegar noticias de todo el mundo.

MARIPOSA: La mariposa es un signo potente que sugiere un nuevo comienzo (piensa en la mariposa que sale del capullo) y un momento para renacer. Será portadora de amor y felicidad allá donde vayas y representa esa felicidad tan esperada. Sin embargo, debes tener cuidado con ir de flor en flor en las relaciones. Si aparecen puntos alrededor, cuidado con malgastar el dinero. Si este signo aparece en la base de la taza, tendrás una breve aventura amorosa.

MARIQUITA: La mariquita es un símbolo de mucha suerte, por lo que se prevé algo extraordinario.

MARTILLO: Hay que trabajar con ahínco para conseguir lo que quieres de verdad, lo que significa abandonar las tareas antiguas e inacabadas y emprender otras nuevas. Cuanta más confianza tengas, más beneficios obtendrás.

MÁSCARA: ¿Te ocultas bajo una máscara? ¿Eres feliz contigo mismo o necesitas cambiar algo? Este símbolo muestra que una persona muy nerviosa e insegura quiere llamar tu atención. Ten cuidado con los secretos.

MAYO (PALO DE): La primavera trae mejores cambios.

MEDALLA: Puede que recibas una recompensa.

MEDIA LUNA: Una señal de suerte, puesto que significa que tendrás éxito en asuntos económicos y habrá un viaje por agua. La luna creciente con una estrella cerca indica muy buena suerte, mientras que una luna nueva señala que es un buen momento para hacer nuevos cambios.

MELÓN: Abundan la felicidad y la prosperidad.

MESA: Si tienes que tomar una decisión, no dudes en hacerlo. Este símbolo puede hacer referencia a periodos sociales felices, satisfacción familiar y encuentros sociales o de negocios. Si el símbolo está cerca del asa de la taza, habrá celebraciones en casa. Si está rodeado de puntitos, habrá discusiones sobre el dinero.

METEORITO: Se avecina un emprendimiento exitoso o una mejora de tu posición, siempre y cuando no dejes escapar la oportunidad.

MOCHILA: Harás un viaje provechoso, aunque si la mochila se encuentra en el fondo de la taza, no ocurrirá hasta dentro de un tiempo.

MOLINO DE VIENTO: Necesitas que otros hagan trabajo por ti o hagan algo en tu nombre. Esto pasará y saldrá bien.

MONEDA: Percibirás un pago. La moneda es un indicio excelente de buena fortuna en todos los temas económicos.

MONEDERO: Si el monedero está cerrado, pronto ganarás algo. Si está abierto y cerca del fondo de la taza, perderás algo. Si hay puntitos a su alrededor, dentro de poco te involucrarás en un negocio lucrativo.

MONJA: Hace falta autocontrol y restricción y necesitas algo de tiempo para pensar las cosas. Recibirás algún consejo amistoso femenino.

MONJE: Este símbolo significa que deberías descansar un poco y dedicarle tiempo a la reflexión interior.

MONO: El mono es un símbolo que indica que es el momento de jugar y ser libre. Se tú mismo. Tienes talento, puedes alcanzar la fama y hacer feliz a los demás. Intenta no cotillear o propagar rumores. Tal vez te toparás con alguien que tiene el signo zodiacal chino del mono.

MONSTRUO: Ver este símbolo es parecido a soñar con monstruos, muestra que algo te preocupa y que deberías plantearte seriamente antes de que se haga demasiado grande y no lo puedas gestionar.

MONTAÑA: Gran logro tras un periodo de trabajo duro y momentos difíciles.

MONTURA: ¿Te sientes atado por una situación? Tienes que quitarte ese peso de encima y pedirles a tus guías espirituales o a tu conciencia cambios para mejor, viajes y nuevas perspectivas de futuro.

MORTERO: Se necesitarán medicamentos para tratar una enfermedad.

MOSCA: Una mosca hace referencia a pequeños contratiempos. También hay una persona molesta en un asunto doméstico.

MOTOR: Muy pronto recibirás noticias.

MUJER: Si la figura está clara y despejada, habrá armonía y felicidad. Si la figura es confusa, indica malos presagios y celos de una mujer. También conviene fijarse en los símbolos de alrededor para aclarar el significado.

MULA: Ten paciencia y no seas cabezota. Tal vez necesites reducir tus responsabilidades.

MURCIÉLAGO: Tienes miedo a lo desconocido y eso te entristece, pero es una fase pasajera y debes aprender a confiar en tu intuición. Pronto estarás ocupado y serás productivo.

N

NARCISO: Un narciso es una buena señal, indicación de nuevos comienzos. Tienes amigos estupendos a tu alrededor.

NAVAJA: Aflojarás algunos vínculos. Otros no tendrán una actitud de cooperación.

NIDO DE PÁJAROS: Un nido de pájaros representa una vida familiar feliz. Los huevos en un nido indican ahorros futuros o el nacimiento de niños. Un nido roto puede presagiar desacuerdos familiares.

NIÑO: Tienes que abordar problemas que no habías resuelto durante la infancia. Este signo también puede representar el nacimiento de una nueva idea o el comienzo de una familia.

NOMEOLVIDES: No puedes olvidar a una persona o anhelas que alguien te recuerde.

NUBES: ¿Tienes la cabeza en las nubes? Tendrás que abordar los problemas con sumo cuidado. Las nubecitas de aspecto esponjoso son un presagio de felicidad, pero los nubarrones oscuros representan melancolía y tristeza. Los puntos alrededor de las nubes indican que habrá numerosos problemas.

O

OJO: Este símbolo significa que pronto encontrarás una solución para resolver un problema enquistado. Sé precavido, mantén los ojos bien abiertos y fíjate bien en lo que te ofrecen. Algunos te envidian.

OREJA: Presta atención, porque te beneficiarás de algo que has oído; puede que oigas un par de secretos.

ÓRGANO: ¿Quieres armonía o discordia? Depende de ti.

ORQUÍDEAS: Se avecina un acontecimiento apasionante, pero si la orquídea está en el fondo de la taza indica obsesión y destructividad.

OSO HORMIGUERO: Tendrás éxito, pero puede que lo consigas de una manera controvertida.

OSO: Tienes a una persona irritable y difícil en tu círculo, así que necesitarás fuerza, coraje y resistencia para lidiar con este individuo. Un oso más parecido a un osito de peluche sugiere que ocurre algo en relación con los niños o con la infancia. Necesitas contacto cercano y cariñoso en tu vida en estos momentos.

OSTRA: Estás a punto de empezar una nueva relación llena de pasión. Ganarás dinero, pero más tarde que pronto.

OVEJA: este símbolo tan antiguo tiene varios significados:

- Es hora de guiarte por tu propio criterio y no dejar que los demás decidan por ti.
- Examina bien todas las opciones que tienes ante ti y céntrate en la adecuada.
- Vendrán buenos tiempos y buena suerte, pero ten cuidado con aquellos que podrían intentar engañarte.
- Tienes que relajarte y sentirte en paz.
- Debes tratar de controlar las emociones y los impulsos que no te benefician.

- Puede que recibas ayuda de alguien nacido en el año chino de la oveja.

P

PÁJARO: El pájaro representa la llegada de un mensaje o de buenas noticias sobre todo si las alas están desplegadas. Si el pájaro está enjaulado habrá un sentimiento de restricción, pero si la puerta de la jaula está abierta, la libertad llegará pronto. Estas son las diferentes interpretaciones de los pájaros:

- Bandada de pájaros: habrá debates sobre noticias importantes o emocionantes.
- Pájaro volando: pronto recibirás buenas noticias, y es posible que viajes.
- Pájaro quieto: puede haber retrasos.
- Gallina: disfrutarás de una vida feliz en el hogar. También presagia la noticia de una muerte.
- Cuervo o grajo: un mal augurio o un aviso: tómate tiempo para relajarte.
- Paloma: la paloma representa una época de paz y amor.
- Águila: el poder y la transcendencia están en tus manos.
- Ganso: prosperidad y época feliz con familia y amigos.
- Búho: una época de inseguridad; posibilidad de un viaje.
- Loro: cuidado con los cotilleos triviales.
- Pavo real: una manifestación de orgullo por tu parte o la de otros.
- Gallo: el gallo alerta sobre una persona presuntuosa, pero también te sugiere que espabiles y aproveches el momento.

- Golondrina: la golondrina es un signo de amor y nuevos comienzos.
- Cisne: este símbolo tiene una variedad de tradiciones y significados que se enumeran en este diccionario bajo la palabra «cisne».
- Buitre: atento a las pérdidas, los robos, los celos, la traición y los problemas.

PALA: Coge pico y pala y haz todo el trabajo preliminar para un proyecto en particular y, después, trabaja de forma constante; todo saldrá bien.

PALACIO: El matrimonio por dinero te aportará un aumento de estatus.

PALANGANA: Puede que tengas que trabajar mucho para mantenerte a flote económicamente. Además, es un aviso de enfermedad o problemas para una mujer cercana a ti.

PALMERA: Este símbolo indica felicidad, satisfacción e incluso un toque de lujo para toda la familia. Puede que goces de unas buenas vacaciones.

PALO DE GOLF: Es momento de mezclar negocios con placer.

PALOMA: Recibirás noticias del extranjero.

PALOMA BLANCA: La paz está por llegar. La paloma también es un buen presagio para la vida en el hogar.

PAN (HOGAZA): El pan representa el alimento, pero muestra que es el momento adecuado para pensar seriamente en tu salud y evaluar tu dieta.

PANDERETA: Este símbolo representa tiempo de júbilo y diversión.

PANTERA: Esta figura advierte de la traición y el engaño por parte de un amigo de confianza.

PAQUETE: Recibirás un regalo y un aumento de las riquezas.

PARACAÍDAS: Escaparás por los pelos.

PARAGUAS: El paraguas es, por lo general, un símbolo de protección. Si está abierto, tendrás lo que quieras, pero si está cerrado, no. Si está del revés, habrá problemas temporales. Si está al fondo de la taza, puede indicar que tú y tu familia necesitáis más protección de la que tenéis. ¿Quizás es hora de renovar la póliza del seguro?

PARED: Necesitas salir más.

PASTOR: Tendrás ayuda y guía y, si el pastor aparece con una oveja, también tendrás buena suerte.

PATO: Tal vez hayas sido frívolo de joven, pero con la edad te tranquilizarás, sobre todo cuando encuentres a la pareja adecuada. Tendrás un fiel compañero y recibirás noticias de un dinero que está por llegar.

PAVO: El significado principal de este símbolo está muy claro, ya que representa tiempo de fiestas y encuentros familiares. Sin embargo, si está al fondo de la taza, las fiestas organizadas no van a salir bien.

PAVO REAL: ¿Estás siendo demasiado soberbio o presumido? ¿Te gusta pavonearte? Puede que no tengas mucha suerte ahora mismo, pero tienes tendencia a darle suerte a los demás, lo que te beneficiará más adelante en lo que se refiere al karma.

PAYASO: Pásalo bien, ríe y ten buen ánimo. Habrá alegría y placeres sin complicaciones.

PEINE: Debes mejorar tu imagen. Tienes enemigos alrededor y, aunque sepas quiénes son, deberías estar atento a lo que están haciendo.

PELOTA: Es hora de pasarlo bien: sal, disfruta y diviértete. Te sientes inquieto y con unas ganas tremendas de viajar. Es hora de pasar a la acción. Este símbolo también puede indicar una época de fortuna variable o de tratos que pueden dar lugar a una riqueza inesperada.

PENDIENTE: Pronto comenzarás una fase magnífica.

PÉNDULO: Este es el símbolo de la incertidumbre y los cambios de dirección. Pasarás tiempo con unos amigos tranquilos y pronto podrás relajarte y liberar tensiones e inquietudes.

PENSAMIENTO: Animarás a un amigo deprimido.

PERA: Este símbolo representa una vida agradable con mucho dinero.

PERRO: Te gustaría ser amante, pero solo eres un amigo. Si el perro está en el fondo de la taza, un amigo necesita tu ayuda. Un perro ladrador advierte de un amigo que no es de fiar. Dicho símbolo también puede referirse a que entrará en tu vida alguien nacido en el año del perro del zodiaco chino.

PETIRROJO: En casi todas las tradiciones, ver un petirrojo quiere decir que recibirás la noticia de una muerte, pero en algunos casos puede significar que algo está tocando a su fin. Sin embargo, también significa que tendrás suerte durante el invierno.

PEZ: El pez es un símbolo de buena fortuna. Indica que necesitas libertad individual para desarrollar tus talentos ocultos. Esta imagen puede estar relacionada con compartir el conocimiento o con un profesor. También incluye viajes y salidas. Podría haber también una conexión con una persona nacida bajo el signo de Piscis (sobre todo si hay dos peces).

PICO: Ten cuidado, porque hay huelgas y desacuerdos en el trabajo.

PIE: Es hora de dar un paso y moverte en el amor, en tu profesión o en tu ciudad.

PIERNA: Es el momento de posicionarse y progresar en la vida.

PIES: Pronto tomarás una decisión importante y, quizás, una nueva dirección en tu vida.

PILAR: ¿Necesitas apoyo o tienes que apoyar a los demás? Ofrecerás una gran amistad o la recibirás por parte de otros.

PIMENTERO: Este símbolo muestra que una persona manipulativa provocará discusiones.

PINGÜINO: Tendrás noticias de alguien del sur o tú mismo viajarás hacia allí.

PINOS: Estarás contento.

PINZA: Una época de noches sin dormir, cansancio y frustración es inevitable.

PIÑA: Tus sueños se harán realidad.

PIRÁMIDE: Si te esfuerzas mucho, lo conseguirás. Este símbolo también significa iluminación espiritual.

PISTOLA: ¿Sientes la necesidad de protegerte del peligro, la discordancia y las peleas? Algunos enemigos tercos andan al acecho; tal vez sea un matón, sentimientos de rabia o bien peligros y violencia ocultos. Durante un tiempo deberás ser extremadamente cuidadoso.

PISTOLA: Esto es una advertencia ante el peligro.

PLANCHA: Los problemas se solucionarán si presionas y no desistes.

PLÁTANO: Este símbolo denota felicidad y buena suerte.

PLATILLO (INSTRUMENTO MUSICAL): El platillo alerta contra el amor forzado y las promesas rotas.

PLATO: Si el plato tiene comida, simboliza la comodidad hogareña, a menos que el símbolo esté en el fondo de la taza, en cuyo caso habrá problemas en casa.

PLUMA ESTILOGRÁFICA: Tendrás que firmar algunos documentos.

PLUMA: Si está cerca del borde de la taza, vas a tener muy buena suerte. Sin embargo, si está en el fondo, experimentarás bloqueos artísticos y falta de concentración.

POLICÍA: Te están protegiendo y recibirás ayuda por parte de la autoridad. Libérate de cualquier sentimiento de culpa, pues no es útil.

POLILLA: ¿Hay algo que te reconcome por dentro? Podrías estar obsesionado con alguien o algo, y si no te controlas no serás feliz, ni tú ni los demás.

POLLO: Asegúrate de que las metas que te has puesto sean realistas y reflexiona más profundamente sobre la situación. Pascua podría ser un periodo significativo.

POSTE INDICADOR: Mira hacia dónde apunta este símbolo e interpreta las señales que haya alrededor, ya que serán de suma importancia.

POZO: Gozas de inspiración y uno de tus deseos se hará realidad.

PUENTE: El puente es un símbolo poderoso de cambios transitorios que puede representar un empleo, una relación, una trayectoria profesional u un hogar nuevos. Se puede alcanzar la satisfacción. Un problema se resolverá pronto gracias a un acontecimiento o una persona que te cambiará la vida. (Busca los símbolos alrededor de este para encontrar más información.)

PUERTA: Empieza un nuevo capítulo en tu vida. Algo extraño va a ocurrir. Estate atento a las oportunidades que te rodean.

PULPO: Cuidado con involucrarte en una situación complicada. Estás rodeado de peligro y alguien puede estar ocultándote cosas importantes.

PUNTOS: Los puntos, en general, se refieren al dinero y están relacionados con los símbolos cercanos.

PURO (CIGARRO): Es hora de deshacerte de las preocupaciones, ya que conocerás a una nueva amistad o tendrás una nueva relación de negocios. Si el puro está roto, habrá pérdidas.

R

RAMA: Es momento de ramificarse y crear nuevo crecimiento.

RAMILLETE: Indica amor y romance. Si hay un anillo o una campana cerca, se celebrará una boda.

RAMITAS: Estos símbolos representan a la gente. Si están cruzadas, habrá discusiones y separaciones. Sí hay hojas agrupadas alrededor de la rama, habrá malas noticias. Los puntitos o las hojitas alrededor de la rama indican que alguien traerá dinero. Un anillo cerca de este símbolo representa un futuro matrimonio.

RAMO: Puede haber un acontecimiento alegre, que podría ser un interés romántico o un reconocimiento por tu trabajo o tus talentos.

RANA: Este signo trae fertilidad y abundancia, aunque sea en forma de un amante guapo pero de incógnito. Aun así, cuidado con las contradicciones.

RAQUETA: Recibirás una invitación para una reunión social.

RASTRILLO: Deberías dejar de remover las cenizas del pasado. Si te han ocultado algo, pronto descubrirás qué es. Puede terminar una relación cuando se revelen los secretos.

RATA: Cuidado con la traición, la deshonestidad y el fracaso. Desconfía especialmente de amigos o amantes. Alguien con el signo zodiacal chino de la rata podría convertirse en una persona importante para ti.

RATÓN: Este símbolo indica muchas cosas, todas relacionadas con el control de nuestro entorno y nuestra vida:

- No debes dejar que los demás tomen decisiones por ti.
- Debes evitar a personas mentirosas y villanas.
- Te resulta fácil atraer amantes y amigos, pero procura que sean adecuados para ti.

RECTÁNGULO O CUADRADO: Te enfrentarás a un problema o dificultad, pero contarás también con protección espiritual. Para encontrar más significados, fíjate bien en los símbolos cercanos, sobre todo los que tienen esta forma. Este símbolo puede representar protección contra los daños, pero también puede referirse a la restricción y al hecho de sentirse atrapado en un lugar durante un tiempo.

RED: Tienes que ser consciente de una trampa. ¿Te estás arriesgando demasiado?

REFUGIO: Este símbolo indica un posible peligro, una pérdida o mala salud.

REINA: Conocerás a una mujer influyente que te ayudará mucho. Si este símbolo está en el fondo de la taza, será una persona entrometida y maliciosa.

RELÁMPAGO: Llegarán ideas y situaciones asombrosas.

RELOJ DE ARENA: Tienes que decidir qué hacer dentro de un periodo específico. Cuida de tus seres queridos. Es también una advertencia para que seas puntual.

RELOJ: Este símbolo te avisa de que es hora de cuidar tu salud o la de otra persona. También es una advertencia contra la procrastinación, porque estás en el momento adecuado para avanzar con las cosas. Si el reloj está al fondo de la taza, significa que tendrás noticias de una muerte.

RELOJ SOLAR: Una época tranquila está por venir.

REMO: Puede que te sientas emocionalmente desequilibrado, pero, tras un periodo de prueba, el éxito está asegurado.

REPOLLO: Habrá envidia y el rencor contra ti. Si hay puntos alrededor, el problema está en tu ambiente de trabajo o relacionado con este.

REPTIL: Te engañarán algunos amigos de confianza.

REY: Este símbolo es un fuerte indicador de autoridad, así que, con la ayuda de un amigo poderoso, podría mejorar tu situación en el trabajo. Otra posibilidad es que te conviertas en una persona poderosa por cuenta propia.

RIFLE: Todas las armas de fuego son un símbolo de peligro, discordia y conflicto.

RINOCERONTE: No lo dudes y lánzate, pero guárdate tus secretos.

ROBLE: Tendrás una vida larga y un progreso constante y gozarás de buena salud.

ROCAS: Tienes que echar más raíces. Hay un peligro oculto, pero superarás todos los obstáculos.

RODILLO: Este símbolo denota un periodo de mucho trabajo, pero también se asocia a discusiones en casa.

ROSA: Con el tiempo, este antiguo símbolo ha reunido gran cantidad de significados:

- Hay popularidad, amor y mucho afecto a la vuelta de la esquina.
- Habrá un romance o un gran amor.
- Alguien te pedirá que reúnas a todos aquellos que han compartido un secreto en el pasado.
- Si la rosa está en el fondo de la taza, habrá contratiempos y te darán largas en el amor.

RUEDA: Unos acontecimientos que escapan a tu control cambiarán el rumbo de tu vida. Si la rueda está completa, habrá buena suerte. Si está rota, habrá decepciones y retrasos.

S

SACACORCHOS: Te será imposible coger el camino directo. Es una advertencia de que hay personas en tu círculo que no son de fiar.

SALCHICHAS: Las salchichas presagian tiempo para comer y beber y, por lo general, divertirse. Si las salchichas están cerca del asa o hacia la parte superior de la taza, puede que también tengas tiempo para disfrutar en casa.

SALTAMONTES: Concéntrate solo en una cosa y acaba lo que hayas empezado. Corres el riesgo de vivir el día a día sin pensar en el mañana. Disfruta el reencuentro con un viejo amigo.

SAPO: Controla tus emociones y no te sientas halagado fácilmente.

SARTÉN: Este símbolo advierte que pueden aparecer cuadros de ansiedad.

SERPIENTES: Ten cuidado con los enemigos rencorosos, la mala suerte o la enfermedad.

SIERRA: ¿Hay algo de lo que debas desprenderte? Puede que necesites alejarte de las influencias externas o de las malas compañías. Parece que algo tiene que desaparecer para que puedas seguir adelante.

SIGNO DE EXCLAMACIÓN: Es hora de prestar atención a lo que está pasando a tu alrededor, pero también debes evitar algunas acciones precipitadas.

SIGNO DE INTERROGACIÓN: Este símbolo representa la necesidad de precaución, así que es posible que tengas que reconsiderar tus planes o cuestionar tus propias intenciones.

SILLA: Tómate un tiempo de descanso y disfruta. Puede haber un invitado o un nuevo miembro en la familia. Con puntos alrededor, este símbolo presagia mejoras en el ámbito económico.

SIMIO: Este símbolo muestra que tienes que reivindicar tu fuerza de forma más poderosa y dejar de copiar el comportamiento o el estilo de otros.

SIRENA: ¿Alguien que te gusta es inalcanzable? Resiste a la tentación, y cuidado con los enemigos ocultos.

SOBRE: Buenas noticias. Recibirás una carta que llevas mucho tiempo esperando o bien un impreso importante. Si en el sobre hay una letra o un número, indicará de quién o cuándo llegará.

SOFÁ: Una gran riqueza puede ser tuya si eres inteligente y astuto.

SOL: El sol representa un nuevo comienzo e iniciativas que despuntarán, trayendo consigo felicidad, comodidad, buena salud y poder. Un niño puede ser de gran importancia. Una persona leo podría ser importante también. El verano podría ser una época del año importante.

SOMBRERO: Ver un sombrero de hombre en la lectura de los posos del té suele ser augurio de mala suerte, pero si es de mujer trae buena suerte, honor y fama. Tus esfuerzos serán reconocidos y recompensados, sobre todo en un trabajo nuevo. Experimentarás un cambio de roles o éxito en el negocio.

SONAJERO: Los niños traerán alegría.

T

TACITA: Esta imagen se asocia con muchos significados. Uno de ellos dice que el ocio y el placer te traerán gastos innecesarios. Otro aconseja paciencia en lugar de reafirmarte. Podría haber una compensación en forma de felicitación escrita o de regalo. También puede indicar que estás a punto de hacer un nuevo amigo.

TAMBOR: Es hora de hacer un cambio. Si el tambor está cerca del borde de la taza, alcanzarás una posición de poder en la vida con tu trabajo. Sin embargo, si está en el fondo, te enfrentarás a peleas y conflictos.

TAPÓN: Se acercan problemas. Atento a la especulación y ten cuidado de en quién confías.

TARTA: Es momento de mimarte un poco y de celebrar. Tienes un deseo que se cumplirá y fiestas que disfrutar.

TAZA: Habrá celebraciones con visitas.

TECHO: Este símbolo representa un cambio de dirección o una nueva relación.

TEJO: Si está en la parte de arriba de la taza, habrá una recompensa más adelante por el trabajo que estás haciendo ahora. Si está al fondo, indica muerte o separación. Si hay puntitos cerca, recibirás una herencia.

TEJÓN: ¿Hay alguien que te esté molestando? ¿O tal vez estás importunando tú a alguien?

TELA DE ARAÑA: Walter Scott decía: «Qué telaraña más enredada tejemos cuando nos ponemos a engañar». Este símbolo advierte claramente que te mantengas alejado de trampas y manipulaciones. También es un símbolo poderoso del destino.

TELAR: Pronto se aclarará el curso de los hechos.

TELÉFONO: Recibirás una llamada importante. (Fíjate en el resto de los símbolos que lo rodean para determinar si la llamada traerá buenas o malas noticias.)

TELEGRAMA: Recibirás noticias repentinas, probablemente desde lejos. (Presta atención al resto de símbolos que lo rodean para determinar si serán buenas o malas noticias.)

TELESCOPIO: ¡Te espera una aventura! Es hora de hacer planes de futuro.

TENEDOR: ¿Tienes que tomar una decisión sobre algo importante? Cuídate de los falsos halagos, déjate aconsejar por tus amigos de confianza antes decidir. Si el tenedor apunta hacia arriba descubrirás nuevos intereses, pero si apunta hacia abajo resurgirá un viejo problema.

TETERA: Encontrarás la felicidad en tu familia y en tu casa.

TIBURÓN: El tiburón es un augurio de peligro. Ten cuidado con la bancarrota.

TIENDA DE CAMPAÑA: Es hora de salir de la rutina diaria y volver a la naturaleza. Este símbolo puede indicar un viaje físico o un viaje espiritual de autoconciencia.

TIGRE: Es hora de usar tu propia energía. Calarás bien a las personas y, por lo tanto, podrás influir en ellas. Tendrás buena suerte con las especulaciones y las conjeturas.

TIJERAS: Puede que haya llegado el momento de alejarte de una situación o de una relación por peleas o malestar. Recorta los problemas de tu vida.

TIMBRE: Habrá buenas noticias.

TINTERO: Como es lógico, este signo representa una carta.

TOBILLO: Esta imagen representa una época de inestabilidad y algún tipo de inmovilidad.

TORNADO o HURACÁN: Prepárate para una época convulsa.

TORO: Aún guardas mucha fuerza oculta, así que coge ya al toro por los cuernos. Puede que haya discusiones o emociones negativas (la dirección hacia la que esté orientado mostrará si vienen hacia ti o se alejan de ti). Es posible que haya un contacto importante con una persona nacida bajo el signo de Tauro o que tengas que desarrollar cualidades de este signo en tu propia vida.

TORRE: ¿Te sientes solo? Si el símbolo aparece cerca del borde de la taza, significa que estás construyendo algo duradero, pero si aparece en el fondo, la torre puede indicar el riesgo de tener un fracaso o una decepción repentina.

TORTUGA: Tienes un gran trabajo entre manos y no debes apresurarte. Habrá veces en las que los nervios se apoderen de ti y querrás rendirte.

TRÉBOL: Por fin recibirás las buenas noticias por las que has trabajado con tanto ahínco. Un trébol de cuatro hojas augura muy buena suerte.

TREN: En tu mano está el poder para alcanzar tus objetivos. Habrá un beneficio constante a lo largo de tu vida y conocerás a gente muy interesante. Si el tren está en el fondo de la taza, indica un viaje desafortunado.

TRENZA: Tu vida se entrelazará con la de otra persona.

TRIÁNGULO: El triángulo es el símbolo de la protección y del golpe de suerte. Si el pico está hacia abajo, ten cuidado si por un casual te encuentras en un triángulo amoroso. Si el triángulo es obtuso, alguien se entrometerá en tus relaciones sentimentales.

TRIDENTE: Algo relacionado con el mar te traerá buena suerte.

TROMPETA: Recibirás un anuncio.

TRONCO: Si está encendido, este símbolo significa afecto y compañerismo. Si está apagado, representa oportunidades desperdiciadas.

TUBERÍA: La alegría y la libertad están a tu alcance y traerán consigo suerte en el amor y una vida feliz. Un hombre amable podría resolver un problema, así que no desconfíes de sus motivos.

TULIPÁN: La tradición le otorga a esta flor un significado curioso. Te recomienda que aproveches la oportunidad que se te va a presentar y que te alejes rápidamente de un posible peligro.

TÚNEL: Pronto verás hacia dónde te diriges.

U

UNICORNIO: Este símbolo denota una relación secreta o un matrimonio, así como una guía espiritual y suerte.

UÑA: Tómate un tiempo para replantearte los planes y los proyectos. Alguien puede actuar injustamente contra ti o hacerte enfadar, o puede que sientas algún tipo de dolor emocional en un futuro cercano.

URNA O JARRÓN: Este símbolo es un buen presagio de suerte y de desarrollo espiritual y de amistades, así que es una imagen buena en general. La única advertencia es que evites exponerte a riesgos innecesarios por los demás.

UVAS: ¡Esto hay que celebrarlo! Es época de salud y felicidad, además de invitaciones a eventos alegres y buenas comidas fuera.

V

VACA: Este es un momento de paz, abundancia y prosperidad, además de cierta fertilidad; tal vez, en forma de una buena idea.

VAGÓN: Este símbolo hace referencia a placeres infantiles, diversión, entretenimientos simples y, a veces, también más complejos, como bodas o vacaciones. Si el vagón está al fondo de la taza, puede que tengas que posponer tus planes de momento.

VALLA: ¿Te sientes acorralado por restricciones temporales y autoimpuestas? Puede que tengas pequeños contratiempos, pero nada duradero ni permanente. Es hora de ser decidido.

VASO: Habrá celebraciones, fiestas y eventos varios, salvo si está en el fondo de la taza, en cuyo caso significa que otros se cuestionan tu integridad.

VELA: Pronto encontrarás el camino que debes seguir y contarás con la ayuda de amigos.

VELETA: Ten cuidado con la indecisión.

VENADO: Para una mujer, este símbolo augura la llegada de un amante joven y fuerte. Para un hombre, que la amistad será más importante que las relaciones o incluso el sexo, durante un tiempo.

VENTANA: Pronto verás claro hacia dónde deberías ir. Si la ventana está abierta, pronto empezarás a explorar nuevos horizontes, pero si está cerrada te decantarás por algo más cerca de casa. Si está sucia, no tendrás tan buena suerte.

VERJA: Presta atención a las nuevas oportunidades que te rodean. Si la verja está cerca de la parte superior de la taza, tendrás la oportunidad de adquirir información y conocimiento, de disfrutar de nuevas experiencias y alcanzar el éxito. En cambio, si está en el fondo, es un indicio de problemas. Cuídate.

VIEIRA: Es difícil de creer, pero este símbolo quiere decir que las hadas te guiarán, si las dejas. Relájate, imagina la luz y la energía que viene del universo y pasa a través de ti y mira a ver si recibes algún tipo de mensaje o fuerza interior de tu hada madrina.

VIOLETA: Las violetas son siempre el símbolo de un gran amor y una vida feliz en casa. Cuenta la leyenda que Napoleón Bonaparte mandó plantar violetas en Santa Helena como símbolo del amor por la mujer y la familia con la que ya no podría estar.

VIOLÍN: Hay gente a tu alrededor que es arrogante y creída. Esta gente también puede ser demasiado independiente. Sea como fuere, tienes que alejarte de ellos porque solo te harán infeliz.

VOLCÁN: Como era de esperar, este símbolo representa agitación y discusiones. Cuidado con lo que dices y con tu carácter.

Y

YATE: Tendrás una vida fácil y una buena posición económica, pero procura no estar a merced de los caprichos de los demás.

YUNQUE: El trabajo duro y constante es necesario para el éxito.

Z

ZAPATO: Esmérate y da un paso al frente, porque se avecina un cambio para mejor y vas por buen camino, pero no hagas cambios porque sí.

ZORRO: ¿Te quieren dar gato por liebre? Cuidado, porque una persona maliciosa intentará engañarte. Tienes la sagacidad para guiar y aconsejar a los demás.

CONCLUSIÓN

A estas alturas habrás visto ya que no es muy difícil leer las hojas de té. Algunas personas tienen ciertas dotes artísticas y visuales, así que les es más fácil interpretar las formas de la taza. Mi recomendación es que te apuntes las formas y las busques después en el apartado del diccionario de las hojas de té de este libro, cuando ya le hayas dado un buen repaso a la taza.

Con el tiempo te irás creando tu propio diccionario personal y puede que la interpretación de ciertas formas sea distinta a la de este manual. Esto es algo perfectamente normal, ya que los buenos lectores van desarrollando las interpretaciones de los significados específicos. Y esto no solo se aplica a las hojas de té, sino también a las cartas del tarot, la numerología y muchas otras, porque es el toque personal lo que hace que estas lecturas sean tan mágicas.

No hay realmente ninguna desventaja en la lectura de las hojas de té, pero ten en cuenta que la gente se toma muy en serio lo que oye. Aunque parezca indiferentes o le reste importancia, seguramente toma buena nota de lo que le dices y no lo olvidará. Por lo tanto, es importante que no asustes a tu interlocutor. Dile la verdad sobre lo que ves y sientes, pero si crees que las noticias son particularmente malas, tal vez puedas dejar un poco de lado la «integridad» y suavizar el mensaje. Los lectores profesionales saben que la información que reciben del tarot, de las hojas de té o de sus guías espirituales pueden ser «exageradas» y demasiado duras en ocasiones. Saben que el problema que ven puede acabar siendo menos negro de lo que parece en la lectura. Es muy posible captar la preocupación o cierta inestabilidad mental de alguien y pensar que esto indica algún desastre futuro, así que ve con tiento.

La única otra desventaja es que te volverás muy buen lector de las hojas de té. ¿Y qué problema hay con eso?, preguntarás. El problema es que pronto tendrás a todo el mundo llamando a tu puerta pidiéndote que les hagas una lectura, con lo que tendrás poca tranquilidad y tiempo para ti. En este punto, puedes hacerlo más profesional y pedirles a tus «clientes» que te paguen la voluntad por las lecturas o bien puedes aprender a decir que no. Tal vez quieras hacer lecturas, para aquellos que realmente necesiten tu ayuda y empezar a descartar a los que solo buscan divertirse o entretenerse sin más. Querer divertirse y pasar el rato no es malo, y no pasa nada por hacer lecturas a tus amigos y conocidos. Sin embargo, todas las formas de lectura pueden ser agotadoras, por lo que la moderación es esencial. Tienes que disfrutar haciendo estas lecturas, y querrás también que la gente saque provecho de ellas. Espero que disfrutes de verdad leyendo las hojas de té y que, con el tiempo, acabes transmitiendo tus conocimientos a los demás.